start klar

Deutsch für Jugendliche

Arbeitsheft B1

D1726885

LMVZ

Inhaltliche Projektleitung
Claudio Nodari
(Institut für Interkulturelle Kommunikation)

Autorenteam
Franziska Meyer
Claudia Neugebauer
Claudio Nodari
David Romero
Janine Sobernheim
Ursina Tones
Rahel Wolfensberger

Projektleitung LMVZ
Florian Gelzer
Beat Oderbolz
Natalie Peyer

Fachexpertise
Elisabeth Ambühl-Christen
Barbara Somenzi
Yvonne Tucholski

Begleitgruppe Lehrpersonen
Ruedi Beglinger
Stefan Graf
Ana Iglesias

Rechteabklärung
Thomas Altnöder

Gestaltung und Satz
l'équipe [visuelle] GmbH

Illustrationen
Kati Rickenbach

© 2020 Lehrmittelverlag Zürich
1. Auflage 2020
In der Schweiz klimaneutral gedruckt auf FSC-Recyclingpapier
ISBN 978-3-03713-803-8

www.lmvz.ch
Digitale Lehrmittelteile: digital.lmvz.ch

Koordination mit der
Interkantonalen Lehrmittelzentrale

Inhaltsverzeichnis

Verwendete Piktogramme

Track mit der Nummer A5 abspielen	🔊 A5
Zu zweit arbeiten	
In Gruppen arbeiten	
Auf ein separates Blatt schreiben	
Verweis auf Zusatzmaterial	
Lerntechnik «Hören und mitlesen» anwenden	
Lerntechnik «Auswendig lernen» anwenden	
Lerntechnik «Einen Vortrag üben» anwenden	

1 Das ist mir wichtig

Nebensatz mit Relativpronomen	erledigt	kontrolliert
Aufgabe 1, S. 7	☐	☐
Aufgabe 2, S. 8	☐	☐
Aufgabe 3, S. 9	☐	☐
Aufgabe 4, S. 9	☐	☐

Nebensatz mit Relativpronomen und Präposition	erledigt	kontrolliert
Aufgabe 1, S. 10	☐	☐
Aufgabe 2, S. 11	☐	☐
Aufgabe 3, S. 11	☐	☐
Aufgabe 4, S. 12	☐	☐

Einen Vortrag üben	erledigt	kontrolliert
Aufgabe 1, S. 13	☐	☐
Aufgabe 2, S. 13	☐	☐
Aufgabe 3, S. 13	☐	☐

Persönliche Eigenschaften	erledigt	kontrolliert
Aufgabe 1, S. 14	☐	☐
Aufgabe 2, S. 14	☐	☐
Aufgabe 3, S. 14	☐	☐

Verben mit festen Verbindungen 1	erledigt	kontrolliert
Aufgabe 1, S. 15	☐	☐
Aufgabe 2, S. 15	☐	☐

Selbstständig Wörter lernen	erledigt	kontrolliert
Aufgabe 1, S. 16	☐	☐

Flucht in die Schweiz	erledigt	kontrolliert
Aufgabe 1, S. 17	☐	☐
Aufgabe 2, S. 17	☐	☐
Aufgabe 3, S. 17	☐	☐

Das will ich lernen:

_____

_____

_____

_____

_____

_____

_____

Nebensatz mit Relativpronomen

1 **Lies die Sätze in den Tabellen laut und ergänz die Regel.**

Relativpronomen im Nominativ

	1. Position	Verb		Nomen mit Relativsatz	
m.	Wichtig	ist	mir	mein Freund,	**der** immer für mich da ist.
f.	Wichtig	ist	mir	meine Freundin,	**die** immer für mich da ist.
n.	Wichtig	ist	mir	mein Team,	**das** immer für mich da ist.
pl.	Wichtig	sind	mir	meine Kollegen,	**die** immer für mich da sind.

Hauptsatz	Nebensatz

Der Relativsatz gehört zu einem Nomen und beschreibt das Nomen genauer. Das Relativpronomen hat deshalb auch das gleiche Genus wie das Nomen.

Das Relativpronomen steht hier im Nominativ, weil es das Subjekt vom Relativsatz ist: «Der Freund ist immer für mich da.»

Relativpronomen im Akkusativ

	1. Position	Verb		Nomen mit Relativsatz	
m.	Wichtig	ist	mir	mein Freund,	**den** ich schon lange kenne.
f.	Wichtig	ist	mir	meine Freundin,	**die** ich schon lange kenne.
n.	Wichtig	ist	mir	mein Team,	**das** ich schon lange kenne.
pl.	Wichtig	sind	mir	meine Kollegen,	**die** ich schon lange kenne.

Hauptsatz	Nebensatz

Das Relativpronomen steht hier im Akkusativ, weil es das Akkusativobjekt vom Relativsatz ist. Das Verb *kennen* verlangt den Akkusativ: «Ich kenne den Freund.»

Relativpronomen im Dativ

	1. Position	Verb		Nomen mit Relativsatz	
m.	Wichtig	ist	mir	mein Freund,	**dem** ich vertraue.
f.	Wichtig	ist	mir	meine Freundin,	**der** ich vertraue.
n.	Wichtig	ist	mir	mein Team,	**dem** ich vertraue.
pl.	Wichtig	sind	mir	meine Kollegen,	**denen** ich vertraue.

Hauptsatz	Nebensatz

Das Relativpronomen steht im Dativ, weil es das Dativobjekt vom Relativsatz ist. Das Verb *vertrauen* verlangt den Dativ: «Ich vertraue dem Freund.»

Die Regel heisst:

Der Relativsatz gehört zu einem _____ und beschreibt _____ .

Das konjugierte Verb steht im Relativsatz _____ .

Zwischen dem Hauptsatz und dem Relativsatz braucht es ein _____ .

2 Lies die Sätze und schreib den zweiten Satz als Relativsatz.

Relativpronomen im Nominativ

1. Im Sportclub sind wir eine tolle Mannschaft. Diese Mannschaft versteht sich gut.

Im Sportclub sind wir eine tolle Mannschaft, die sich gut versteht.

2. Gemeinsam hatten wir viele Erlebnisse. Diese Erlebnisse haben uns zusammengeschweisst.

3. Am Wochenende haben wir ein Spiel. Dieses Spiel wird sicher nicht einfach.

4. Wir kämpfen alle für einen Sieg. Dieser Sieg ist für uns sehr wichtig.

Relativpronomen im Akkusativ

1. Ich freue mich über meine Lehrstelle. Diese Lehrstelle habe ich mir schon lange gewünscht.

2. Das Vorstellungsgespräch hatte ich bei meinem Chef. Den Chef fand ich sehr sympathisch.

3. Ich erinnere mich noch genau an das Gespräch. Das Gespräch habe ich gut gemeistert.

4. Jetzt habe ich soeben ein paar Kleider gekauft. Diese Kleider kann ich am Arbeitsort tragen.

Relativpronomen im Dativ

1. Sara hat sich in einen Jungen verliebt. Diesem Jungen ist sie an einem Fest begegnet.

2. Sara hat eine enge Freundin. Dieser Freundin hat sie gestern alles über den Jungen erzählt.

3. Sara hat auch Kolleginnen. Diesen Kolleginnen erzählt sie nichts von ihrer neuen Liebe.

4. Für solche Sachen hat Sara ein gutes Gefühl. Ihrem Gefühl kann sie vertrauen.

In der Mundart gibt es nur das Relativpronomen *wo*. Es wird für alle Relativpronomen verwendet, egal ob maskulin, feminin, neutrum oder plural.

Mundart: «Ich lärne vill neui Sache, **wo** für mini Zuekunft wichtig sind.»
Standardsprache: «Ich lerne viele neue Sachen, **die** für meine Zukunft wichtig sind.»

In Standardsprache wird das Relativpronomen *wo* nur für Ortsangaben verwendet:
Standardsprache: «Zu Hause ist der Ort, **wo** ich mich am wohlsten fühle.»

3 Lies die Sätze in der Tabelle laut und ergänz die Regel.

> Das Nomen und der Relativsatz bilden ein Satzglied und dürfen nicht getrennt werden.

	1. Position: Nomen mit Relativsatz		Verb		
m.	Mein Freund,	**der** immer für mich da ist,	erzählt	mir	alles.
f.	Meine Freundin,	**die** immer für mich da ist,	erzählt	mir	alles
n.	Mein Team,	**das** immer für mich da ist,	hält	immer	zusammen.
pl.	Meine Kollegen,	**die** immer für mich da sind,	halten	immer	zusammen.
	Hauptsatz 1. Teil	Nebensatz	Hauptsatz 2. Teil		

> Der Relativsatz steht zwischen zwei Kommas. So ist er von den beiden Hauptsatzteilen abgegrenzt.

Die Regel heisst:

Der Relativsatz steht immer direkt _____ dem Nomen, das er genauer beschreibt.

Der Relativsatz steht zwischen _____ .

4 Bilde aus den zwei Sätzen einen Satz wie im Beispiel.

1. Mein Nachbarsjunge hat mir von seiner neuen Klasse erzählt. Diesen Jungen habe ich heute auf dem Schulweg getroffen.

   Mein Nachbarsjunge, den ich heute auf dem Schulweg getroffen habe, hat mir von seiner neuen Klasse erzählt.

2. Die neue Klassenlehrerin findet er nett. Diese Klassenlehrerin ist jetzt für seine Klasse zuständig.

   _____

   _____

3. Die Lehrpersonen kennt er noch nicht so gut. Diese Lehrpersonen unterrichten Sport und Musik.

   _____

   _____

4. In der Klasse hat er schnell Kollegen gefunden. Diese Klasse ist neu zusammengesetzt worden.

   _____

   _____

5. Mit seinen alten Kollegen spielt er in der Pause immer noch Basketball. Diese Kollegen gehen jetzt in eine andere Klasse.

   _____

   _____

Nebensatz mit Relativpronomen und Präposition

1 Lies die Sätze in der Tabelle laut und ergänz die Regel.

Präposition mit Relativpronomen im Akkusativ

> Das Relativpronomen steht im Akkusativ, weil die Präposition *für* immer den Akkusativ verlangt: «Ich habe Zeit für dich.»

	1. Position	Verb		Nomen mit Relativsatz	
m.	Wichtig	ist	mir	mein Freund,	**für den** ich immer Zeit habe.
f.	Wichtig	ist	mir	meine Freundin,	**für die** ich immer Zeit habe.
n.	Wichtig	ist	mir	mein Team,	**für das** ich immer Zeit habe.
pl.	Wichtig	sind	mir	meine Kollegen,	**für die** ich immer Zeit habe.
	Hauptsatz				Nebensatz

Präposition mit Relativpronomen im Dativ

> Das Relativpronomen steht im Dativ, weil die Präposition *mit* immer den Dativ verlangt: «Ich habe Spass mit dir.»

	1. Position	Verb		Nomen mit Relativsatz	
m.	Wichtig	ist	mir	mein Freund,	**mit dem** ich Spass habe.
f.	Wichtig	ist	mir	meine Freundin,	**mit der** ich Spass habe.
n.	Wichtig	ist	mir	mein Team,	**mit dem** ich Spass habe.
pl.	Wichtig	sind	mir	meine Kollegen,	**mit denen** ich Spass habe.
	Hauptsatz				Nebensatz

	1. Position: Nomen mit Relativsatz		Verb		
m.	Mein Freund,	**mit dem** ich über alles reden kann,	ist	mir	wichtig.
	Hauptsatz 1. Teil	Nebensatz	Hauptsatz 2. Teil		

> Relativsätze mit Präpositionen gehören zu einem Nomen und können den Hauptsatz in zwei Teile teilen.

Die Regel heisst:

Die _____ bestimmt, ob das Relativpronomen im Akkusativ oder im Dativ steht.

> **Häufige Präpositionen, die immer den Akkusativ verlangen**
> *für, durch, ohne, um, bis, gegen* – und der Akkusativ ist gegeben.
>
> **Häufige Präpositionen, die immer den Dativ verlangen**
> *aus, dank, bei, mit, nach, zu, von, seit* – und der Dativ ist bereit.

2 **Lies die Sätze und schreib den zweiten Satz als Relativsatz wie im Beispiel.**

1. Dodo ist ein Schweizer Sänger. Von diesem Sänger kenne ich einige Lieder.

Dodo ist ein Schweizer Sänger, von dem ich einige Lieder kenne.

2. Dodo ist stolz auf seinen Erfolg. Für den Erfolg musste er viele Jahre kämpfen.

_____

_____

3. Dodo schrieb als Jugendlicher bereits Lieder. Mit den Liedern ist er später auch aufgetreten.

_____

_____

4. Dodo hat einen Tinnitus. Gegen den Tinnitus hat er zuerst gekämpft.

_____

_____

5. Heute ist Dodo Musikproduzent. Von diesem Musikproduzenten hört man immer wieder Songs am Radio.

_____

_____

3 **Lies die Sätze und schreib den zweiten Satz als Relativsatz wie im Beispiel.**

1. Die Berufswahl fällt mir leicht. Mit der Berufswahl beschäftigen wir uns momentan in der Schule.

Die Berufswahl, mit der wir uns momentan in der Schule beschäftigen, fällt mir leicht.

2. Mein Wunschberuf ist Elektronikerin. Von dem Wunschberuf habe ich schon als Kind geträumt.

_____

3. Mein Onkel ist auch Elektroniker. Mit dem Onkel durfte ich schon einige Geräte reparieren.

_____

4. Dank meiner Schnupperlehre habe ich nun ein gutes Bild von diesem Beruf. Bei der Schnupperlehre konnte ich in einem kleinen Betrieb arbeiten.

_____

5. Der Betrieb hatte aber leider keine freien Lehrstellen mehr. Bei dem Betrieb durfte ich schnuppern.

_____

6. Die anderen beiden Lehrstellen waren leider auch schon besetzt. Um die Lehrstellen hatte ich mich beworben.

_____

7. Meine Eltern unterstützen mich bei der Lehrstellensuche. Mit den Eltern habe ich über meinen Wunsch gesprochen.

_____

1

4 Wählt Teil A oder B und deckt den anderen Teil mit einem Blatt ab. Fragt und antwortet wie im Beispiel. Notiert die Namen der Personen.

Am Sommerfest

A

die Lehrpersonen, die das Sommerfest organisieren	→ Frau Tsegu
die Frau, mit der wir das Buffet vorbereiten	→ Kora
der Musiklehrer, der die Schülerband leitet	Keyarash
das Mädchen, das in der Schülerband Keyboard spielt	→ **Frau Meyer Frau Öndül Herr Romero**
der Schüler, der in der Schülerband Gitarre spielt	
die Sängerin, mit der die Schülerband auftritt	→ Herr O'Neill
der DJ, bei dem man einen Song wünschen kann	Mikael, Andrew
die beiden Jungen, die so toll angezogen sind	→ Eva
die Schülerin, mit der alle tanzen wollen	Frédéric
der Junge aus der Klasse 3B, für den alle Mädchen schwärmen	→ Herr Goncani
	Anton
der Lehrer, mit dem wir nachher alle Festbänke versorgen müssen	→ Scarlett

Fragen	Antworten
Wie heissen **die Lehrpersonen, die das Sommerfest organisieren?**	**Die Lehrpersonen, die das Sommerfest organisieren,** heissen **Frau Meyer, Frau Öndül** und **Herr Romero.**
Wie heisst **die Frau, mit der wir das Buffet vorbereiten?**	**Die Frau, mit der wir das Buffet vorbereiten,** heisst **Frau Tsegu.**

B

die Lehrpersonen, die das Sommerfest organisieren	→ Frau Tsegu
die Frau, mit der wir das Buffet vorbereiten	Kora
der Musiklehrer, der die Schülerband leitet	→ Keyarash
das Mädchen, das in der Schülerband Keyboard spielt	→ **Frau Meyer Frau Öndül Herr Romero**
der Schüler, der in der Schülerband Gitarre spielt	
die Sängerin, mit der die Schülerband auftritt	Herr O'Neill
der DJ, bei dem man einen Song wünschen kann	→ Mikael, Andrew
die beiden Jungen, die so toll angezogen sind	Eva
die Schülerin, mit der alle tanzen wollen	→ Frédéric
	Herr Goncani
der Junge aus der Klasse 3B, für den alle Mädchen schwärmen	→ Anton
der Lehrer, mit dem wir nachher alle Festbänke versorgen müssen	Scarlett

Einen Vortrag üben

1 Lies die Lerntechnik genau. Klär die Wörter.

1. Lern deinen Vortrag
   fast auswendig sprechen.

> In meinem Vortrag möchte ich euch ...

2. Stell dich gerade vor einen Spiegel.
   Beide Füsse sind parallel. Du bist entspannt.

3. Halt deinen Vortrag vor einem Spiegel.
   Schau dich möglichst oft an.

2 Üb den Vortrag mit deinem korrigierten Text wie in Aufgabe 1 oben.

3 Wie gut hast du vorgetragen? Lies die Sätze unten und beurteile dich dann selbst.

Mein Vortrag

	++	+	-	- -
1. Ich bin gerade und locker vor dem Spiegel gestanden.	☐	☐	☐	☐
2. Ich habe oft in den Spiegel geschaut.	☐	☐	☐	☐
3. Ich habe flüssig gesprochen.	☐	☐	☐	☐
4. Ich habe laut und deutlich gesprochen.	☐	☐	☐	☐
5. Ich habe nichts vergessen.	☐	☐	☐	☐
6. Ich bin bereit, den Vortrag vor der Klasse zu halten.	☐	☐	☐	☐

Persönliche Eigenschaften

1 Lies die Adjektive. Verbind die Adjektive mit den Erklärungen.

1. neugierig — wenn man vorausschauend und rational ist **a.**

2. einfühlsam — wenn man sich nicht an Regeln hält **b.**

3. unfair → wenn man unbedingt etwas Bestimmtes erfahren will **c.**

4. ehrgeizig — wenn man unbedingt ein Ziel erreichen will **d.**

5. kreativ — wenn man die Wahrheit sagt **e.**

6. vernünftig — wenn man Ideen hat und diese gestalterisch umsetzt **f.**

7. geizig — wenn man sich in jemanden hineinversetzen kann **g.**

8. ehrlich — wenn man übertrieben sparsam ist **h.**

2 Lest die Adjektive und die Erklärungen von Aufgabe 1. Fragt und antwortet wie im Beispiel.

> Wenn man unbedingt etwas Bestimmtes erfahren will, dann ist man neugierig. Bist du neugierig?

> Manchmal schon. Und du?

> Neugierig? Eigentlich nicht.

3 Lies die Adjektive und notier sie in die Tabelle.

intelligent · fröhlich · faul · geizig · pünktlich · laut · zuverlässig · emotional · sportlich · optimistisch · selbstständig · ehrgeizig · temperamentvoll · unhöflich · fleissig · neugierig

Das sind für mich eher positive persönliche Eigenschaften.	Das sind für mich eher negative persönliche Eigenschaften.

Verben mit festen Verbindungen 1

1 **Lies die Sprechblasen, die Erklärungen und die Beispiele.**

Viele Verben verlangen eine bestimmte Präposition. Die Verben bilden eine feste Verbindung mit dieser Präposition. Diese Verbindung muss man auswendig lernen.

denken an:	Ich **denke** gern **an** die letzten Ferien.
sich freuen auf:	Ich **freue mich auf** die nächsten Ferien.
sich interessieren für:	Ich **interessiere mich für** eine Reise in den Jura.
beginnen mit:	Ich **beginne mit** der Planung.
suchen nach:	Ich **suche nach** Informationen über den Jura.
sprechen über:	Ich **spreche** mit meinen Kolleginnen **über** den Jura.
sich kümmern um:	Ich **kümmere mich um** die Zugbillette.
sich erholen von:	Im Jura **erhole** ich **mich von** der Schule.
passen zu:	Diese Reise **passt zu** mir.

2 **Lies die Verben mit ihren Präpositionen. Lies das Porträt von Astrid. Markier die Verben aus dem Schüttelkasten und die dazugehörigen Präpositionen im Text.**

~~sich beschäftigen mit~~   lernen von   teilnehmen an   sich interessieren für

suchen nach   lernen für   sich erholen von   beginnen mit

Astrid, 15 Jahre

Ich stelle mich vor

Zurzeit beschäftige ich mich vor allem mit meiner Ausbildung nach der Sekundarschule. Ich interessiere mich für die Fachmittelschule mit dem Profil «Gesundheit und Naturwissenschaften», da ich später gerne im Gesundheitsbereich arbeiten möchte. Nun muss ich viel für die Aufnahmeprüfung lernen. Wenn ich nicht bestehe, beginne ich nach den Sommerferien mit dem zehnten Schuljahr und versuche die Prüfung nächstes Jahr noch einmal.

Neben einer guten Ausbildung ist mir wichtig, dass ich mit meiner Familie und meinen Freunden Zeit verbringen kann. Aber ich brauche auch genügend Zeit für mich alleine, um mich von der Schule zu erholen. Mein Hobby ist Fotografieren. Ich habe zu meinem Geburtstag eine richtig gute Kamera bekommen. Momentan nehme ich an einem Fotokurs teil. Dort kann ich viel von meinem Kursleiter lernen. Zum Fotografieren gehe ich oft in die Natur und suche nach schönen Motiven. Das mache ich sehr gern.

Selbstständig Wörter lernen

1 **Lies die folgende Lerntechnik genau. Lern deine neuen Wörter mit einer Wörterbox.**

A Die Wörterbox

Arbeite mit einer Wörterbox
wie in der Illustration.

B Die Karten

Erstell Wortkarten wie in den Beispielen.

| vorne | hinten | vorne | hinten |

Alles, was ich erlebe, sind meine ...

Erlebnisse
das Erlebnis
die Erlebnisse

Auf meine Freundin kann ich mich verlassen. Sie ist ...
Auf meinen Nachbarn kann ich mich nicht verlassen.
Er ist ...

zuverlässig
unzuverlässig

Ich interessiere mich ... eine Lehrstelle als Koch.

für
sich interessieren für

kommen

er/sie/es
kommt
kam
ist ... gekommen

C Mit der Wörterbox lernen

– Nimm alle Karten aus der ersten Sektion. Lies die Angaben auf der Vorderseite und auf der
  Rückseite zwei Mal laut.
– Wiederhol die Übung, diesmal ohne auf die Rückseite zu schauen. Sprich laut, was auf der
  Rückseite steht.
– War es richtig? Dann kannst du die Karte in die zweite Sektion legen.
– War es falsch? Dann lies die Karte vorne und hinten drei Mal laut und leg die Karte wieder in
  die erste Sektion. Am nächsten Tag kannst du diese Karten wiederholen und zusammen mit
  neuen Karten üben.
– Wiederhol die Übung nach einer Woche mit den Karten aus der zweiten Sektion. Die richtig
  gesprochenen Karten kommen in die dritte Sektion, die falsch gesprochenen Karten kommen
  wieder in die erste Sektion.

Im Internet findest du Programme für das Wörterlernen.
Diese Programme funktionieren ähnlich.

Flucht in die Schweiz

1   **Schau die Karte von Samiras Fluchtweg im Themenbuch auf Seite 16 an. Beschreib die Reise von Samira. Sprich die sechs Sätze nach der Korrektur mehrmals laut.**

1. Von Farah nach Maschhad	ist Samira	mit dem Boot	gegangen.
2. Von Maschhad an die iranisch-türkische Grenze		mit dem Lastwagen	gefahren.
3. Über die iranisch-türkische Grenze		mit dem Flugzeug	geflogen.
4. Durch die ganze Türkei		mit dem Jeep	
5. Von der Türkei nach Griechenland		zu Fuss	
6. Von Griechenland in die Schweiz			

1. _____

   _____

2. _____

   _____

3. _____

   _____

4. _____

   _____

5. _____

   _____

6. _____

   _____

2   **Schau die Schweizerkarte im Themenbuch auf Seite 17 an. In welchen Schweizer Ortschaften hat Samira folgende Dinge erlebt? Ergänz die Lücken.**

In _____ haben ihr Ärzte geholfen, gesund zu werden. In einem Asylzentrum in

_____ hat sie am Anfang gewohnt. Später lebte sie im Zentrum

Lilienberg in _____ zusammen mit anderen ausländischen Jugend-

lichen ohne Eltern. In _____ hatte sie einen Termin bei der Flüchtlingsbehörde und

musste von ihrer Flucht erzählen.

3   **Such im Internet eine Statistik über die Asylgesuche in der Schweiz im letzten Jahr. Ergänz den Lückentext.**

Im Jahr _____ haben _____ Personen in der Schweiz Asyl beantragt. Die fünf

häufigsten Herkunftsländer sind _____

_____

_____

2 Wohnen

Wohnen in der Schweiz	erledigt	kontrolliert
Aufgabe 1, S. 19	☐	☐
Aufgabe 2, S. 19	☐	☐
Aufgabe 3, S. 19	☐	☐
Aufgabe 4, S. 20	☐	☐
Aufgabe 5, S. 20	☐	☐
Aufgabe 6, S. 21	☐	☐
Aufgabe 7, S. 21	☐	☐

Das Passiv	erledigt	kontrolliert
Aufgabe 1, S. 22	☐	☐
Aufgabe 2, S. 22	☐	☐
Aufgabe 3, S. 23	☐	☐
Aufgabe 4, S. 23	☐	☐
Aufgabe 5, S. 23	☐	☐
Aufgabe 6, S. 24	☐	☐

Nomen mit Nachmorphem *-ung*	erledigt	kontrolliert
Aufgabe 1, S. 25	☐	☐
Aufgabe 2, S. 25	☐	☐
Aufgabe 3, S. 25	☐	☐

Argumentieren	erledigt	kontrolliert
Aufgabe 1, S. 26	☐	☐
Aufgabe 2, S. 26	☐	☐
Aufgabe 3, S. 27	☐	☐
Aufgabe 4, S. 27	☐	☐

Rund ums Wohnen	erledigt	kontrolliert
Aufgabe 1, S. 28	☐	☐
Aufgabe 2, S. 28	☐	☐
Aufgabe 3, S. 29	☐	☐

Das will ich lernen:

_____

_____

_____

_____

_____

_____

_____

_____

_____

_____

_____

Wohnen in der Schweiz

1 Schau das Kreisdiagramm an. Füll danach den Lückentext aus.

Wohnungsbestand nach Zimmern (Stand 2016)

- ■ 1 Zimmer
- □ 2 Zimmer
- ■ 3 Zimmer
- ■ 4 Zimmer
- ■ 5 Zimmer
- ■ 6 Zimmer und mehr

Im Jahr 2016 betrug die Gesamtzahl der Wohnungen 4 420 829. Davon waren lediglich

_____ % Einzimmerwohnungen und _____ % Zweizimmerwohnungen. _____ % von allen

Wohnungen waren Dreizimmerwohnungen. Der Anteil von Vierzimmerwohnungen lag etwa gleich

hoch bei _____ %. Hingegen war der Anteil von Wohnungen mit fünf Zimmern deutlich tiefer,

er lag bei _____ %. Nur gerade _____ % von allen Wohnungen hatten sechs und mehr Zim-

mer. Schaut man die gesamte Grafik an, hatten 2016 die meisten Wohnungen in der Schweiz _____

oder _____ Zimmer. Sehr kleine und sehr grosse Wohnungen sind in der Schweiz deutlich seltener.

2 Schau das Kreisdiagramm genau an. Beschreib das Kreisdiagramm.

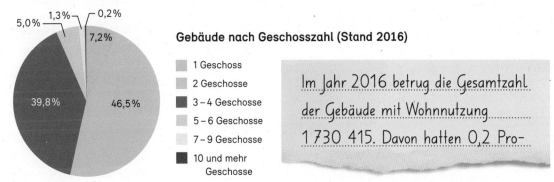

Gebäude nach Geschosszahl (Stand 2016)

- 1 Geschoss
- 2 Geschosse
- 3 – 4 Geschosse
- 5 – 6 Geschosse
- 7 – 9 Geschosse
- 10 und mehr Geschosse

Im Jahr 2016 betrug die Gesamtzahl der Gebäude mit Wohnnutzung 1 730 415. Davon hatten 0,2 Pro-

3 Vergleicht die Angaben in den Kreisdiagrammen in Aufgaben 1 und 2 wie im Beispiel.

> 2016 gab es **fast gleich viele** Dreizimmerwohnungen **wie** Vierzimmerwohnungen.

> Das stimmt. Es gab aber **fast zwei Mal mehr** Dreizimmerwohnungen **als** Vierzimmerwohnungen.

weniger	gleich	mehr
fast drei Mal weniger ... als	genau gleich viele ... wie	fast drei Mal mehr ... als
ein bisschen weniger ... als	fast gleich viele ... wie	ein bisschen mehr ... als
weniger ... als	ungefähr gleich viele ... wie	mehr ... als
sehr viel weniger ... als		sehr viel mehr ... als

4 Verbind die Satzteile, die zusammengehören. Lies die Sätze nach der Korrektur mehrmals laut.

1. Das Bundesamt für Statistik erhebt Daten, ☐ ☐ von denen die meisten im Kanton Zürich wohnen. **a.**

2. Beim Bundesamt für Statistik arbeitet Frau Schmid, ☐ ☐ in denen sich zusätzlich noch ein Geschäft befindet. **b.**

3. In der Schweiz leben 8,2 Millionen Menschen, ☐ ☐ mit der das Interview geführt wurde. **c.**

4. In der Schweiz gibt es nur wenige Wohngebäude, ☐ ☐ mit denen der Alltag und das Leben in der Schweiz beschrieben werden können. **d.**

5 Lies die Sätze genau und markier die gleichen Informationen. Schreib danach die Sätze in einem Satz (Hauptsatz + Relativsatz).

1. Frau Schmid kennt viele Daten zum Thema Wohnen . Über das Thema Wohnen spricht sie im Interview.

   Frau Schmid kennt viele Daten zum Thema Wohnen, über das sie im Interview spricht.

2. Sie analysiert beim Bundesamt für Statistik Daten. Mit den Daten erstellt sie Tabellen und Grafiken.

   _____

   _____

3. Das Bundesamt für Statistik hat auch eine Website. Auf der Website können sich alle über die Schweiz informieren.

   _____

   _____

4. In der Schweiz leben 8,2 Millionen Menschen. Von den 8,2 Millionen Menschen leben die meisten in einem Mehrpersonenhaushalt.

   _____

   _____

5. In der Schweiz gibt es 1,7 Millionen Wohngebäude. Von den Wohngebäuden sind 43 Prozent älter als 50 Jahre.

   _____

   _____

6. In der Schweiz gibt es verschiedene Arten von Wohngebäuden. Zu den Wohngebäuden gibt das Interview unterschiedliche Angaben.

   _____

   _____

6 Füll die Lücken. Benütz die Wörter im Schüttelkasten.

in dem   um die herum   von denen   in dem
in denen   zu denen   über die   von denen   in der

Die Schweiz ist ein Land, _____ viele Menschen leben. Die meisten Personen leben

in der Stadt oder in der Agglomeration, _____ es viele Mehrfamilienhäuser hat.

Auf dem Land sind meistens Einfamilienhäuser, _____ es vielfach einen

Garten gibt. Die Einfamilien- und Mehrfamilienhäuser gehören zu den sogenannten Gebäuden mit

Wohnnutzung, _____ es noch zwei weitere Kategorien gibt. Das sind einerseits

Gebäude mit Nebennutzung, _____ neben Wohnungen zum Beispiel auch ein Ge-

schäft gehört. Die vierte Kategorie sind Gebäude, _____ hauptsächlich gearbeitet

und nur zu einem kleinen Teil gewohnt wird. Ein Beispiel dafür ist ein Schulhaus mit Hauswarts-

wohnung. In der Schweiz gibt es 3,6 Millionen Privathaushalte, _____ die Mehrheit

drei und mehr Personen umfassen. Im Jahr 2014 lebten insgesamt 56 Prozent von der Bevölke-

rung in einem Haushalt mit drei oder mehr Personen. Diese Zahl ist in den letzten Jahrzehnten

gesunken. 1970 lebten 74 Prozent von der Bevölkerung in einem Haushalt, _____ drei

oder mehr Personen wohnten. Zum Wohnen in der Schweiz hat das Bundesamt für Statistik noch

weitere Angaben, _____ man sich auf der Website informieren kann.

7 Lies die Sätze genau und markier die gleichen
Informationen. Schreib danach die Sätze wie im Beispiel.

1. Das ist mein Zimmer . In meinem Zimmer bin ich
gerne allein.

Das ist mein Zimmer, in dem ich gerne alleine bin.

2. Das ist mein Computer. Mit meinem Computer surfe
ich oft im Internet.

_____

3. Das ist mein Bücherregal. Auf meinem Bücherregal sind meine Lieblingsbücher.

_____

4. Das ist mein Schreibtisch. An meinem Schreibtisch mache ich meine Hausaufgaben.

_____

5. Das ist mein Bett. In meinem Bett lese ich gern

_____

6. Das ist mein Lieblingsposter. Auf meinem Lieblingsposter ist das coolste Auto abgebildet.

_____

Das Passiv

1 Lies die Sätze genau und ergänz die Regel.

1. Aktivsätze und Passivsätze

Präsens

aktiv	Man baut heute Quartiere der kurzen Wege.
passiv	Heute werden Quartiere der kurzen Wege gebaut.

Perfekt

aktiv	Man hat in den 1960er-Jahren viele Einkaufszentren gebaut.
passiv	In den 1960er-Jahren sind viele Einkaufszentren gebaut worden.

Präteritum

aktiv	Man baute damals reine Wohnquartiere ohne Geschäfte.
passiv	Damals wurden reine Wohnquartiere ohne Geschäfte gebaut.

Ein Aktivsatz mit *man* und ein entsprechender Passivsatz drücken das Gleiche aus. In beiden Sätzen weiss man nicht, wer genau die Handlung macht (im Beispiel oben: wer genau *baute*). Das ist aber auch nicht die wichtige Information. Die wichtige Information ist in beiden Sätzen, was gebaut wird *(Quartiere der kurzen Wege / Einkaufszentren / reine Wohnquartiere ohne Geschäfte)*.

2. Bildung des Passivsatzes

Subjekt	konjugierter Verbteil	Akkusativobjekt	Partizip II
Man	baute	reine Wohnquartiere.	
Reine Wohnquartiere	wurden		gebaut.

Das Akkusativobjekt im Aktivsatz wird zum Subjekt im Passivsatz.

Das Passiv wird aus dem Hilfsverb *werden* und dem Partizip II gebildet.

Die Regel heisst:

Das Subjekt aus dem Aktivsatz fällt im Passivsatz weg.

Das Akkusativobjekt aus dem Aktivsatz wird im Passivsatz zum _____ .

Das Verb im Aktivsatz wird zum Verb im Passiv. Dazu braucht es das Hilfsverb _____

und das _____ .

2 Hör und lies die Konjugationsgedichte.

A1–
A2

Lob für alle	**Gerufen**
Ich bin gelobt worden.	Ich wurde heute gerufen.
Du bist gelobt worden.	Du wurdest gestern gerufen.
Er ist gelobt worden.	Sie wurde vorgestern gerufen.
Sie ist gelobt worden.	Er wurde noch nicht gerufen.
Alle sind gelobt worden.	Warum werden alle gerufen?
Wofür denn?	Und von wem eigentlich?

3   **Markier die Verben im Passiv.**

Die Trennung von wohnen, arbeiten und einkaufen wurde in der Schweiz in den frühen 1960er-Jahren stark gefördert . Damals wurden reine Wohnsiedlungen ohne Geschäfte und hohe Bürogebäude ohne Wohnungen gebaut. Aus diesem Grund mussten immer mehr Menschen zwischen ihrem Arbeitsort und ihrem Wohnort pendeln. Damit dies möglich war, wurde der öffentliche Verkehr ausgebaut. Die neue Quartiere wurden an ein Verkehrsnetz von Bus- und Zugverbindungen angeschlossen und die Billettpreise für den öffentlichen Verkehr sanken. Gleichzeitig gab es aber auch immer mehr Privatautos und der Pendlerverkehr nahm insgesamt stark zu.

Parallel zu dieser Entwicklung entstanden auch die ersten grossen Einkaufszentren. Das erste Einkaufszentrum wurde 1970 in Spreitenbach im Kanton Aargau eröffnet. Während den folgenden Jahren und bis in die 2000er-Jahre wurden in der Schweiz viele weitere Einkaufszentren eröffnet. Weil die Einkaufszentren meistens ausserhalb von den Städten gebaut wurden, konnte man sie fast nur mit dem Auto erreichen. Aus diesem Grund wurden Einkaufszentren auch häufig kritisiert. Heute wird wieder mehr Wert darauf gelegt, dass man an einem Ort wohnen, arbeiten und einkaufen kann. Dieses Modell wird «das Quartier der kurzen Wege» genannt.

4   **Schreib die Sätze im Passiv.**

1. Man eröffnete 1955 die erste Autobahn.

Die erste Autobahn wurde 1955 eröffnet.

2. Man baute in den 1960er-Jahren weitere Autobahnen.

In den 1960er-Jahren wurden

3. Man kauft heute viel in Einkaufszentren ein.

4. Man plant heute Quartiere der kurzen Wege.

5. Man bezahlte früher nichts für die Autobahn.

6. Man bildete früher eigene Zonen für die Industrie.

7. Man legt heute längere Arbeitswege zurück.

8. Man fördert heute das Velofahren.

5   **Schreib ein Konjugationsgedicht mit einem der folgenden Verben im Perfekt.**

sehen	⟶	gesehen worden	lieben	⟶ geliebt worden
hören	⟶	gehört worden	abholen	⟶ abgeholt worden
küssen	⟶	geküsst worden	begleiten	⟶ begleitet worden

2

6 Wählt Teil A oder B und deckt den anderen Teil mit einem Blatt ab. Fragt abwechselnd mit den Redemitteln.

A

das Telegramm		→ 1804	Samuel Morse
der Kaugummi		1834	Samuel Colt
die Briefmarke		1835	→ **Richard Trevithick**
das Saxofon		1844	→ James Chalmers
der Büstenhalter		1846	Alfred Nobel
die Dampflokomotive		1867	David Edward Hughes
der Revolver		→ 1872	→ Christine Hardt und Herminie Cadolle
das elektrische Tram		→ 1872	Adolphe Sax
der Füllfederhalter		1878	Lewis Edson Waterman
die (Blue-)Jeans		→ 1879	→ Levi Strauss
die Büroklammer		1884	→ Johan Vaaler
das Mikrofon		→ 1889	→ Werner von Siemens
das Dynamit		→ 1899	→ Thomas Adams

Fragen	Antworten
Wann wurde **die Dampflokomotive** erfunden?	**Die Dampflokomotive** wurde **1804** erfunden.
Und von wem wurde **sie** erfunden?	**Die Dampflokomotive** wurde **von Richard Trevithick** erfunden.

B

das Telegramm		→ 1804	→ Samuel Morse
der Kaugummi		1834	→ Samuel Colt
die Briefmarke		→ 1835	→ **Richard Trevithick**
das Saxofon		→ 1844	James Chalmers
der Büstenhalter		→ 1846	→ Alfred Nobel
die Dampflokomotive		→ 1867	→ David Edward Hughes
der Revolver		1872	Christine Hardt und Herminie Cadolle
das elektrische Tram		1872	→ Adolphe Sax
der Füllfederhalter		→ 1878	→ Lewis Edson Waterman
die (Blue-)Jeans		1879	Levi Strauss
die Büroklammer		→ 1884	Johan Vaaler
das Mikrofon		1889	Werner von Siemens
das Dynamit		1899	Thomas Adams

Nomen mit Nachmorphem *-ung*

1   **Lies die Erklärungen und klär die Wörter.**

Viele Nomen bestehen aus dem Stamm eines Verbs und der Nachsilbe *-ung*. Diese Nachsilbe nennt man *Nachmorphem* (oder *Suffix*).

die `Ordn` ung

Das kommt vom Verb *ordnen.*

Das ist das Nachmorphem.

Alle Nomen mit dem Nachmorphem *-ung* sind feminin. Die meisten Nomen mit *-ung* stammen von einem Verb, aber nicht alle!

2   **Markier den Verbstamm wie im Beispiel. Schreib das Verb im Infinitiv dazu.**

1. die `Plan` ung $\longrightarrow$ planen
2. die Wohnung $\longrightarrow$
3. die Nutzung $\longrightarrow$
4. die Umgebung $\longrightarrow$
5. die Bevölkerung $\longrightarrow$
6. die Verbauung $\longrightarrow$
7. die Belastung $\longrightarrow$
8. die Trennung $\longrightarrow$
9. die Verwertung $\longrightarrow$
10. die Verwaltung $\longrightarrow$
11. die Meldung $\longrightarrow$
12. die Meinung $\longrightarrow$
13. die Begründung $\longrightarrow$
14. die Wirkung $\longrightarrow$

3   **Such weitere solche Nomen mit dem Nachmorphem *-ung*. Schreib sie in eine Tabelle. Überprüf sie mit dem Wörterbuch.**

Das Nomen stammt von einem Verb.	Das Nomen stammt nicht von einem Verb.
	die Zeitung

Argumentieren

1 **Klär die folgenden Wörter mit einem Wörterbuch oder mithilfe des Internets.**

das Argument _____

argumentieren _____

der öffentliche Verkehr _____

2 **Hör und lies die zwei Texte. Schreib zu jedem Text einen Titel.**

A3 –
A4

| Argumente pro öffentlichen Verkehr | Argumente contra öffentlichen Verkehr |

_____

Der öffentliche Verkehr ist in der Schweiz gut ausgebaut. Fast an jeden, auch kleineren Ort fährt ein Postauto, ein Regionalzug oder eine Seilbahn. In den grösseren Städten fahren in kurzen Abständen Busse und Trams. Zwischen den Städten verkehren Intercityzüge im Halbstunden- oder Stundentakt.

Der öffentliche Verkehr ist umweltfreundlich, denn es braucht weniger Strom oder Benzin pro Person, wenn mehrere Menschen zusammen ein Transportmittel benutzen. Man muss auch weniger Strassen bauen. Somit bleiben mehr natürliche, unverbaute Flächen erhalten.

Zudem kann man sich in den öffentlichen Transportmitteln entspannen. Man steigt in den Bus oder Zug und kann zum Beispiel schlafen oder die Zeitung lesen.

_____

Die Benutzung von öffentlichen Verkehrsmitteln ist mühsam. Man muss sich immer nach den Fahrplänen richten. Bis zu einer Haltestelle muss man zu Fuss gehen, auch bei Regen oder Schnee. Manchmal kommen die Verkehrsmittel zu spät. Wenn man irgendwo umsteigen muss, verpasst man oft den Anschluss.

Bei schlechtem Wetter oder im Winter sind die Transportmittel vielfach sehr voll und es hat nicht für jede Person einen Sitzplatz. Im Hochsommer ist es stickig und man riecht den Schweiss der anderen Leute.

Aus all diesen Gründen bevorzuge ich das Auto. Damit kann ich losfahren, wann immer ich will, ich muss nicht umsteigen und kann immer sitzen.

3 Lies die zwei Texte in Aufgabe 2 nochmals. Markier mit Grün die Argumente, die für den öffentlichen Verkehr sprechen, und mit Rot die Argumente, die dagegen sprechen.

4 Schreib einen Text zum öffentlichen Verkehr. Benütz die Pro- und Contra-Argumente aus den Texten in Aufgabe 2. Benütz die Textstruktur, wähl passende Textbausteine und gib dem Text einen passenden Titel.

Einleitung	Dieser Text nimmt Stellung zum Thema …
	Dazu werden Pro- und Contra-Argumente gegenübergestellt.
Pro-Argumente	Für den öffentlichen Verkehr spricht, dass …
	Ebenfalls dafür spricht …
	Zu erwähnen ist auch, dass …
Contra-Argumente	Gegen den öffentlichen Verkehr spricht, dass …
	Ebenfalls dagegen spricht …
	Zu ergänzen ist auch, dass …
meine Meinung	Die Pro- und Contra-Argumente sind verständlich.
	Meiner Ansicht nach …
	Zusammenfassend bin ich der Überzeugung, dass …

Rund ums Wohnen

1 **Lies und verbind die Begriffe mit den Erklärungen.**

In der Schweiz leben 61,8 Prozent von der Bevölkerung in einer Mietwohnung (Stand 2016).
Die wichtigsten Begriffe zur Miete von einer Wohnung oder einem Haus sind hier aufgeführt.

1. der Vermieter /
   die Vermieterin

2. der Mieter /
   die Mieterin

3. die Liegenschafts-
   verwaltung

4. der Hauswart /
   die Hauswärtin

5. die Miete /
   der Mietzins

a. Das ist eine Firma, die sich um mehrere Gebäude kümmert. Sie ist die Kontaktstelle für alle, die in diesen Gebäuden wohnen oder arbeiten.

b. In grösseren Häusern gibt es meist eine Person, die für den Gebäudeunterhalt verantwortlich ist.

c. Das ist der Betrag, den man bezahlen muss, wenn man ein Haus oder eine Wohnung mietet.

d. Diese Person wohnt in einer Wohnung oder einem Haus und bezahlt dafür eine Miete.

e. Das ist eine Person oder eine Firma, die eine Wohnung oder ein Haus besitzt oder verwaltet und an andere Personen vermietet.

2 **Lies die Texte und schreib den passenden Titel darüber.**

Wachstum von der Bevölkerung

Quartier der kurzen Wege

Anonymität als Problem

Zunahme von den bebauten Flächen

In der Schweiz müssen immer mehr Wohnungen gebaut werden, denn es leben immer mehr Menschen hier. Es braucht aber nicht nur mehr Wohnungen, die einzelnen Wohnungen werden auch immer grösser. Für die Umwelt ist das ein Problem, denn grössere Bauflächen bedeuten, dass mehr Natur verschwindet.

Die Bevölkerung wächst und wächst. Im Jahr 2005 lebten 7,46 Millionen Personen in der Schweiz. Zehn Jahre später waren es schon 8,33 Millionen. Im Jahr 2025 sollen bereits 9,16 Millionen und 2045 über 10 Millionen Menschen in der Schweiz wohnen (Stand 2016).

Die meisten Menschen leben im Mittelland, denn dort sind auch die meisten Arbeitsplätze. Gleichzeitig wünschen sich die Menschen aber auch viel Natur wie Wiesen und Wälder in der Nähe von ihrem Wohnort. Aus diesem Grund wird immer mehr so gebaut, dass möglichst wenig Boden gebraucht wird und die Arbeitswege möglichst kurz sind.

Die Menschen möchten nicht in Wohnsiedlungen leben, mit denen man zwar nur wenig Land benötigt, aber in denen kein Sozialleben stattfindet. Wichtig für Menschen ist das Zusammenleben.

3 Wählt Teil A oder B und deckt den anderen Teil mit einem Blatt ab. Fragt abwechselnd mit den Redemitteln, wo die fehlenden Gegenstände sind. Antwortet mit den Formulierungen.

A

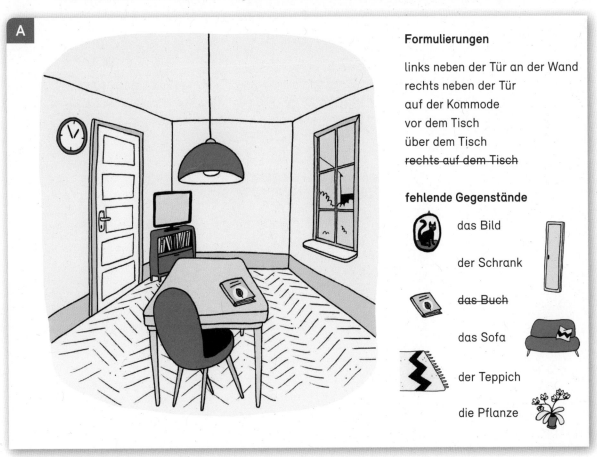

Formulierungen

links neben der Tür an der Wand
rechts neben der Tür
auf der Kommode
vor dem Tisch
über dem Tisch
~~rechts auf dem Tisch~~

fehlende Gegenstände

das Bild

der Schrank

~~das Buch~~

das Sofa

der Teppich

die Pflanze

Fragen	Antworten
Wo ist **das Buch?**	Das Buch ist **rechts auf dem Tisch.**

B

Formulierungen

hinten in der Mitte an der Wand
~~rechts auf dem Tisch~~
über dem Sofa links an der Wand
auf dem Fenstersims
unter dem Tisch
in der rechten hinteren Ecke

fehlende Gegenstände

die Uhr

der Fernseher

die Kommode

~~das Buch~~

die Lampe

der Stuhl

3 Lernen lernen

Nebensätze mit *als* und *wenn*	erledigt	kontrolliert
Aufgabe 1, S. 31	☐	☐
Aufgabe 2, S. 32	☐	☐

Direkter und indirekter Fragesatz	erledigt	kontrolliert
Aufgabe 1, S. 33	☐	☐
Aufgabe 2, S. 33	☐	☐
Aufgabe 3, S. 34	☐	☐
Aufgabe 4, S. 35	☐	☐
Aufgabe 5, S. 35	☐	☐
Aufgabe 6, S. 35	☐	☐

Verben mit festen Verbindungen 2	erledigt	kontrolliert
Aufgabe 1, S. 36	☐	☐
Aufgabe 2, S. 36	☐	☐
Aufgabe 3, S. 37	☐	☐
Aufgabe 4, S. 37	☐	☐
Aufgabe 5, S. 37	☐	☐
Aufgabe 6, S. 38	☐	☐
Aufgabe 7, S. 38	☐	☐

Pronominaladverbien *wofür*, *dafür* usw.	erledigt	kontrolliert
Aufgabe 1, S. 39	☐	☐
Aufgabe 2, S. 39	☐	☐
Aufgabe 3, S. 40	☐	☐
Aufgabe 4, S. 40	☐	☐
Aufgabe 5, S. 40	☐	☐

Nomen mit Nachmorphem *-heit*, *-keit* usw.	erledigt	kontrolliert
Aufgabe 1, S. 41	☐	☐
Aufgabe 2, S. 41	☐	☐

Das will ich lernen:

_____

_____

_____

_____

_____

_____

_____

_____

Nebensätze mit *als* und *wenn*

1 Lies die Sätze in den Tabellen laut und ergänz die Regel.

1. Nebensatz mit *als*

Lucía	war	12 Jahre alt,	als **sie** in die Schweiz kam.
Hauptsatz			Nebensatz

Das war in der Vergangenheit. Es war nur ein Mal.

Als **Lucía** in die Schweiz kam,	war	**sie**	12 Jahre alt.
Nebensatz	Hauptsatz		

2. Nebensatz mit *wenn*

Lucía	wirkte	sehr interessiert,	wenn man **mit ihr** sprach.
Hauptsatz			Nebensatz

Das war in der Vergangenheit. Es war jedes Mal so.

Wenn man **mit Lucía** sprach,	wirkte	**sie**	sehr interessiert.
Nebensatz	Hauptsatz		

> Statt *wenn* kann man auch *jedes Mal wenn* benützen.
> «Wenn man mit Lucía sprach, ...» = «Jedes Mal wenn man mit Lucía sprach, ...»
> «Wenn Lucía mit Kunden spricht, ...» = «Jedes Mal wenn Lucía mit Kunden spricht, ...»

Lucía	wirkt	selbstsicher,	wenn **sie** mit Kunden spricht.
Hauptsatz			Nebensatz

Das ist in der Gegenwart. Es ist jedes Mal so.

Wenn **Lucía** mit Kunden spricht,	wirkt	**sie**	selbstsicher.
Nebensatz	Hauptsatz		

Die Regel heisst:

1. Die Handlung im Nebensatz mit *als* passierte in der _____

   und nur _____ .

2. Die Handlung im Nebensatz mit *wenn* passierte in der _____

   oder passiert in der _____ . Es ist _____ .

2 Wählt Teil A oder B und deckt den anderen Teil mit einem Blatt ab. Fragt und antwortet wie im Beispiel. Füllt die Spalte «ich» mit euren Altern aus und fragt euch gegenseitig.

A

Aklilu	Lucía		ich	du
10 Jahre	_____	zum ersten Mal Zürich sah	_____	_____
_____	16 Jahre	zum ersten Mal nach Deutschland reiste	_____	_____
_____	13 Jahre	in der 1. Sek war	_____	_____
11 Jahre	_____	zum ersten Mal in die Bibliothek ging	_____	_____
_____	5 Jahre	zum ersten Mal ein Theaterstück sah	_____	_____
11 Jahre	_____	mit dem Französischlernen begann	_____	_____
14 Jahre	_____	das erste Skatebord bekam	_____	_____
_____	10 Jahre	das erste Handy bekam	_____	_____
_____	**8 Jahre**	**das erste Fahrrad bekam**	_____	_____
13 Jahre	_____	den ersten Computer bekam	_____	_____

Fragen	Antworten
Wie alt war Aklilu, als er **zum ersten Mal Zürich sah?**	Als Aklilu zum ersten Mal Zürich sah, war er **10 Jahre** alt.
Wie alt war Lucía, als sie **das erste Fahrrad bekam?**	Als Lucía das erste Fahrrad bekam, war sie **8 Jahre** alt.
Wie alt warst du, als ...	Ich war (ungefähr) ... Jahre alt.

B

Aklilu	Lucía		ich	du
10 Jahre	12 Jahre	zum ersten Mal Zürich sah	_____	_____
15 Jahre	_____	zum ersten Mal nach Deutschland reiste	_____	_____
14 Jahre	_____	in der 1. Sek war	_____	_____
_____	13 Jahre	zum ersten Mal in die Bibliothek ging	_____	_____
10 Jahre	_____	zum ersten Mal ein Theaterstück sah	_____	_____
_____	12 Jahre	mit dem Französischlernen begann	_____	_____
_____	14 Jahre	das erste Skatebord bekam	_____	_____
12 Jahre	_____	das erste Handy bekam	_____	_____
8 Jahre	**8 Jahre**	**das erste Fahrrad bekam**	_____	_____
_____	12 Jahre	den ersten Computer bekam	_____	_____

Direkter und indirekter Fragesatz

1 Lies die Sprechblasen und die Tabellen. Ergänz die Regel.

Fragesatz und Fragewort

Ah, du bist schon fertig. Wie hast du die Aufgabe gelöst?

Wie bitte?

Wie du die Aufgabe gelöst hast, habe ich gefragt.

Ach so! Ich weiss es nicht mehr.

Wie	hast	du	die Aufgabe	gelöst?

Direkter Fragesatz (einfacher Satz)

Ich	habe	dich	gefragt,	wie du die Aufgabe gelöst hast.
Hauptsatz				Nebensatz

Indirekter Fragesatz (zusammengesetzter Satz)

Die Regel heisst:

1. Ein direkter Fragesatz ist ein einfacher Satz. Das Fragewort steht in der _____

   _____ .

2. Ein indirekter Fragesatz ist ein _____ .

   Zwischen Haupt- und Nebensatz hat es immer _____ .

2 Schreib die indirekten Fragen als direkte Fragen wie im Beispiel. Achte auf die Satzzeichen.

1. Die Lehrerin fragt, wie du die Aufgabe gelöst hast.

   <u>Die Lehrerin fragt: „Wie hast du die Aufgabe gelöst?"</u>

2. Ich frage die Lehrerin, warum ich das überhaupt machen muss.

   _____

   _____

3. Die Schülerin fragt die DaZ-Lehrerin, welche Übungen sie machen muss.

   _____

   _____

4. Der Schüler fragt, wer ihm bei den Hausaufgaben helfen kann.

   _____

   _____

3 Lies die Sprechblasen und die Tabellen. Ergänz die Regel.

Fragesatz ohne Fragewort

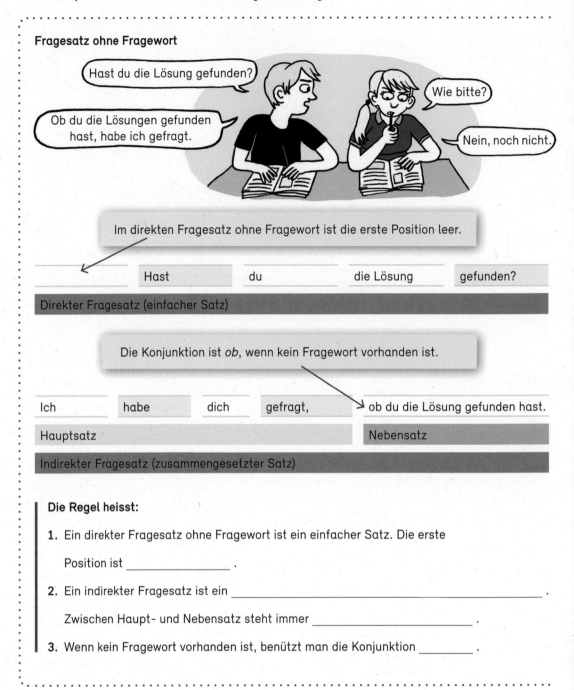

Hast du die Lösung gefunden?

Ob du die Lösungen gefunden hast, habe ich gefragt.

Wie bitte?

Nein, noch nicht.

Im direkten Fragesatz ohne Fragewort ist die erste Position leer.

	Hast	du	die Lösung	gefunden?

Direkter Fragesatz (einfacher Satz)

Die Konjunktion ist *ob*, wenn kein Fragewort vorhanden ist.

Ich	habe	dich	gefragt,	ob du die Lösung gefunden hast.

Hauptsatz | Nebensatz

Indirekter Fragesatz (zusammengesetzter Satz)

Die Regel heisst:

1. Ein direkter Fragesatz ohne Fragewort ist ein einfacher Satz. Die erste

   Position ist _____ .

2. Ein indirekter Fragesatz ist ein _____ .

   Zwischen Haupt- und Nebensatz steht immer _____ .

3. Wenn kein Fragewort vorhanden ist, benützt man die Konjunktion _____ .

4 Schreib die indirekten Fragen als direkte Fragen wie im Beispiel. Achte auf die Satzzeichen und auf den Wechsel der Personalform.

1. Die Lehrerin fragt, ob ich die Aufgabe schon gelöst habe.

Die Lehrerin fragt: „Hast du die Aufgabe schon gelöst?"

2. Der Lehrer fragt, ob ich gestern noch gelernt habe.

_____

_____

3. Ich frage die Lehrerin, ob sie mir die Aufgabe nochmals erklären kann.

_____

_____

4. Meine Nachbarin fragt mich, ob ich ihr helfen kann.

_____

_____

5 Hör und lies den Text. Unterstreich die indirekten Fragen.

Erfahrungen einer DaZ-Lehrerin

Als DaZ-Lehrerin bespreche ich mit meinen Schülerinnen und Schülern oft auch Lernprobleme. Viele fragen mich zum Beispiel, wie sie sich auf Prüfungen vorbereiten sollen. In diesen Fällen müssen sie mir zuerst erklären, in welchen Fächern sie Probleme haben und wie sie sich normalerweise vorbereiten. Ob die Lernenden den Stoff nicht verstehen oder ob sie ganz einfach nicht wissen, wie sie den Lernstoff für die Prüfung repetieren sollen, ist nämlich den meisten gar nicht klar.

Wenn Lernende den Lernstoff nicht verstehen, dann frage ich sie zuerst, was sie verstanden haben. Ich frage also nicht, was sie *nicht* verstehen, sondern was sie verstehen. Das Problem ist eben, dass die Lernenden nicht wissen, wo genau die Probleme sind und warum sie etwas nicht verstehen. Erst wenn sie mir das Verstandene erklärt haben, kann ich ihnen weiterhelfen. Ich denke oft darüber nach, wie ich einen Lernstoff einfacher erklären kann, und suche gute Beispiele. Gute Beispiele helfen oft.

Wenn die Lernenden nicht wissen, wie sie sich auf eine Prüfung vorbereiten müssen, mache ich mit ihnen einen Lernplan. Ich frage die Lernenden, was sie repetieren wollen. Das verteilen wir dann im Lernplan. Wichtig ist beim Lernplan, dass man sich daran hält. Natürlich frage ich die Lernenden auch, wie sie lernen, denn der Lernplan allein genügt nicht. Wer Erfolg haben will, muss auch wissen, welche Lerntechniken für ihn oder für sie am besten funktionieren. Oft fragen mich Schülerinnen und Schüler auch, warum sie gelernte Wörter immer wieder vergessen. Das hat natürlich auch mit der Lerntechnik zu tun. Wenn man zum Beispiel zwei Stunden lang 50 Wörter lernt und dann an den folgenden Tagen nicht mehr repetiert, ist das eine schlechte Lerntechnik. Es ist besser, wenige Wörter öfter zu repetieren.

6 Hör den Text von Aufgabe 5 nochmals und sprich nach. Lern den Text fliessend vorlesen.

Verben mit festen Verbindungen 2

1 **Lies die Grammatikerklärung und die Sätze.**

Viele Verben bilden eine feste Verbindung mit einer Präposition. Es gibt Verbindungen, die einen Akkusativ verlangen, und Verbindungen, die einen Dativ verlangen.

nachdenken über:	Ich denke über dich nach.
sich interessieren für:	Ich interessiere mich für dich.
sich kümmern um:	Ich kümmere mich um dich.
warten auf:	Ich warte auf dich.
sich handeln um:	Es handelt sich um dich.

> Verben in festen Verbindungen mit den Präpositionen *auf*, *für*, *über* und *um* verlangen den Akkusativ.

anfangen mit:	Ich fange mit dir an.
berichten von:	Ich berichte von dir.
fragen nach:	Ich frage nach dir.
sich entschuldigen bei:	Ich entschuldige mich bei dir.
sich fürchten vor:	Ich fürchte mich vor dir.

> Verben in festen Verbindungen mit den Präpositionen *bei*, *mit*, *nach*, *von* und *vor* verlangen den Dativ.

Einige Verben können mit verschiedenen Präpositionen Verbindungen bilden. Die Bedeutung der festen Verbindung ändert sich je nach Präposition.

sich freuen auf etwas: Ich freue mich auf deinen Besuch. (Der Besuch ist noch nicht da.)
sich freuen über etwas: Ich freue mich über deinen Besuch. (Der Besuch ist jetzt da.)

Einige Verben können in einem Satz zwei Verbindungen haben.

sprechen mit jemandem:	Ich spreche mit dir.
sprechen über etwas:	Ich spreche über dich.
sprechen mit jemandem über etwas:	Ich spreche nicht gern mit dir über dich.
diskutieren mit jemandem:	Ich diskutiere oft mit dir.
diskutieren über etwas:	Wir diskutieren meistens über den Lehrer.
diskutieren mit jemandem über etwas:	Ich diskutiere oft mit dir über den Lehrer.

2 **Lies den Text und füll die Lücken mit den passenden Verbindungen aus. Die Verbindungen in Aufgabe 1 helfen. Lern den Text nach der Korrektur fliessend vorlesen.**

Die Schulerfahrungen von Djamal

Djamal hat sich in der Sekundarschule _____ viele Fächer interessiert, aber irgendwie

waren seine Noten trotzdem oft ungenügend. Aus diesem Grund fürchtete er sich _____ einer

Abstufung in die Sek C. Er hat dann mit seinen Eltern _____ seine Probleme gesprochen

und sie haben abgemacht, dass er _____ seiner Klassenlehrerin _____ seine Angst

sprechen soll. Seine Lehrerin hatte die Idee, einen Nachmittagskurs zu organisieren, in dem man

lernt, wie man lernt. Es haben dann vier Schülerinnen und Schüler _____ diesem Kurs teil-

genommen. Im Kurs wurde zuerst _____ Lernschwierigkeiten gesprochen. Danach haben

sie _____ das eigene Lernverhalten nachgedacht und _____ mögliche Lösungen

diskutiert. Bei den Lerntipps handelte es sich oft _____ gute Lerntechniken. Djamal erinnert

sich jedes Mal _____ diese Tipps, wenn er lernen muss.

3 Lies die Grammatikerklärung und die Sätze.

Viele Verben bilden eine feste Verbindung mit einem Nomen und einer Präposition.

Verbindungen mit Akkusativ

Verantwortung übernehmen für: Er übernimmt Verantwortung für seinen kleinen Bruder .
Bescheid wissen über: Er weiss Bescheid über den Vortrag der Kollegin.
sich Hoffnungen machen auf: Sie macht sich Hoffnung auf einen guten Schulabschluss .
Interesse zeigen für: Sie zeigt grosses Interesse für den Beruf als Grafikerin.

Verbindungen mit Dativ

Freude haben an: Sie hat grosse Freude an dem neuen Spiel .
Mühe haben mit: Er hat keine Mühe mit der Schreibaufgabe .

4 Lies die festen Verbindungen. Wer könnte das sein? Denk an Personen, die du kennst, und schreib, auf wen das zutrifft.

1. am Fach Mathematik Freude haben

Kemal hat Freude am Fach Mathematik.

2. an Hunden Freude haben

3. für kleine Kinder gern Verantwortung übernehmen

4. mit dem Schreiben am Computer Mühe haben

5. mit der Kälte im Winter Mühe haben

6. immer Bescheid über die nächste Prüfung wissen

7. sich Hoffnung auf einen spannenden Match machen

5 Lest euch eure Sätze aus Aufgabe 4 vor.

3

6 **Schreib die Sätze so fertig, dass sie für dich passen.**

1. Ich habe Freude an _____

_____

Aber ich habe keine Freude an _____

_____

2. Ich übernehme gern Verantwortung für _____

_____

Aber ich übernehme nicht gern Verantwortung für _____

_____

3. Ich habe Mühe mit _____

_____

Aber ich habe keine Mühe mit _____

_____

4. Ich weiss gut Bescheid über _____

_____

Aber ich weiss nicht gut Bescheid über _____

_____

5. Ich mache mir Hoffnung auf _____

_____

Aber ich mache mir keine Hoffnung auf _____

_____

6. Ich habe grosses Interesse für _____

_____

Ich habe kein Interesse für _____

_____

7 **Lern die Sätze aus Aufgabe 6 nach der Korrektur fast auswendig sprechen.**

Pronominaladverbien *wofür*, *dafür* usw.

1 Lies die Sprechblasen und die Sätze. Ergänz die Regel.

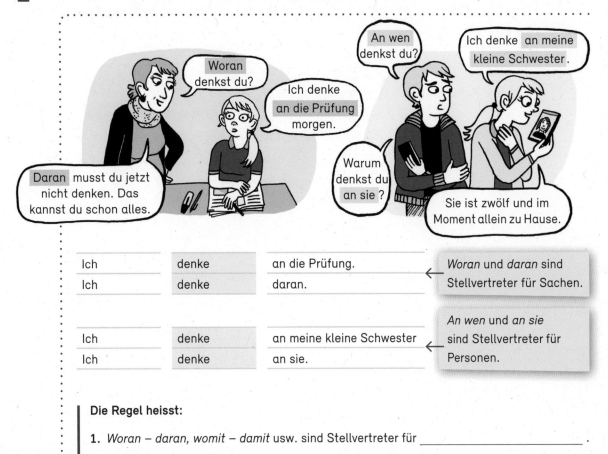

| Ich | denke | an die Prüfung. |
| Ich | denke | daran. |

→ *Woran* und *daran* sind Stellvertreter für Sachen.

| Ich | denke | an meine kleine Schwester |
| Ich | denke | an sie. |

→ *An wen* und *an sie* sind Stellvertreter für Personen.

Die Regel heisst:

1. *Woran – daran, womit – damit* usw. sind Stellvertreter für _____ .

2. *An wen – an sie, mit wem – mit ihr* usw. sind Stellvertreter für _____ .

2 Lies die Mini-Dialoge. Überleg, wer die Personen sind und wo die Szenen spielen könnten. Markier in den Mini-Dialogen die Stellvertreter. Die unterstrichenen Präpositionalobjekte sind im Akkusativ.

Stellvertreter für Sachen

Prüfungsangst

- Woran denkst du?
- Ich denke an den Test. Er ist schwierig. Ich denke die ganze Zeit daran.
- Mach dir keine Sorgen. Das kannst du schon alles.

Schone Erinnerungen

- Woran erinnerst du dich gern?
- Ich erinnere mich an meinen letzten Geburtstag. Ich erinnere mich gern daran. Es war ein schönes Fest.
- Ja, das war eine tolle Party.

Stellvertreter für Personen

Geschwister

- An wen denkst du?
- Ich denke an meine kleine Schwester. Sie ist allein zu Hause. Ich denke ständig an sie.
- Mach dir keine Sorgen. Sie ist ja gar nicht mehr so klein. Sie ist schon elf Jahre alt.

Erinnerung an einen Lehrer

- An wen erinnerst du dich gern?
- Ich erinnere mich an meinen ersten Lehrer. Ich erinnere mich gern an ihn. Er hat mir immer Mut gemacht beim Lernen.
- So einen Lehrer hätte ich auch gern gehabt.

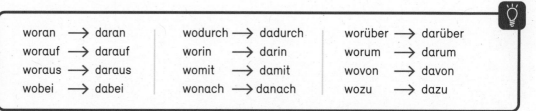

woran	→	daran	wodurch	→	dadurch	worüber	→	darüber
worauf	→	darauf	worin	→	darin	worum	→	darum
woraus	→	daraus	womit	→	damit	wovon	→	davon
wobei	→	dabei	wonach	→	danach	wozu	→	dazu

3 Lies die Mini-Dialoge. Überleg, wer die Personen sind und wo die Szenen spielen könnten. Markier in den Mini-Dialogen die Stellvertreter. Die unterstrichenen Präpositionalobjekte sind im Dativ.

Stellvertreter für Sachen

Verschwunden!

- Wonach suchst du?
- Ich suche nach meinem Schlüssel. Ich habe schon in allen Taschen danach gesucht.
- Komm, ich helfe dir suchen.

Angst vor Gewittern

- Wovor fürchtest du dich?
- Ich fürchte mich vor dem Vorsingen morgen. Ich fürchte mich davor, weil ich bestimmt keinen Ton herausbringen werde.
- Das klappt schon! Tief durchatmen!

In der Schule berichten

- Wovon berichtest du in deinem Aufsatz?
- Ich berichte von einem besonderen Tag. Im Sommer war ich im Europa-Park. Ich werde darüber schreiben.
- Da bin ich aber gespannt.

Gamen

- Womit spielst du da?
- Ich spiele mit dem Handy. Mir ist gerade langweilig. Deshalb spiele ich damit.
- Du bist sicher richtig gut darin, nicht?

Stellvertreter für Personen

Verschwunden!

- Nach wem rufst du?
- Ich rufe nach meinem kleinen Hund. Ich rufe nach ihm, weil ich ihn nicht mehr sehe.
- Oh nein! Ich habe meinen Hund auch einmal beim Spazieren verloren.

Angst vor dem Zahnarzt

- Vor wem fürchtest du dich?
- Ich fürchte mich vor dem Zahnarzt. Vermutlich muss ich einen Zahn ziehen und davor fürchte ich mich sehr.
- Das verstehe ich! Aber das wird schon gut gehen.

In der Schule eine Person vorstellen

- Von wem berichtest du in deinem Aufsatz?
- Ich berichte von meinem Urgrossvater. Er ist 99 Jahre alt und hat viel erlebt. Ich schreibe über ihn.
- Das klingt spannend.

Babysitten

- Mit wem spielst du?
- Ich spiele mit dem Kind von unserer Nachbarin. Ich passe heute auf das Kind auf. Deshalb spiele ich mit ihm.
- Das machst du sicher gut.

4 Wähl aus den Aufgaben 2 und 3 je zwei Mini-Dialoge aus. Ändere die Sachen oder die Personen und schreib vier eigene Mini-Dialoge.

5 Lern zwei Mini-Dialoge nach der Korrektur fast auswendig sprechen.

Nomen mit Nachmorphem *-heit, -keit* usw.

1 **Lies die Erklärungen.**

Morpheme sind Bausteine von Wörtern. Das Nomen *Erklärung* hat drei Morpheme:

Er	klär	ung

das Vormorphem   das Stammmorphem   das Nachmorphem

Das Vormorphem und das Nachmorphem haben keine eigene Bedeutung. Nur das Stammmorphem hat eine eigene Bedeutung. Das Stammmorphem *klär* kommt vom Verb *klären*, das wiederum vom Adjektiv *klar* kommt.

Viele Nomen bestehen aus einem Stammmorphem und einem Nachmorphem, zum Beispiel:

Plan	ung

Stammmorphem   Nachmorphem

> Das *Vormorphem* nennt man auch *Präfix*.
> Das *Nachmorphem* nennt man auch *Suffix*.

Das Nachmorphem *-in* ändert ein maskulines Nomen in ein feminines Nomen, zum Beispiel: *der Lehrer* ⟶ *die Lehrerin*

Es gibt aber auch viele andere Nachmorpheme, die ausschliesslich in femininen Nomen vorkommen. Die häufigsten sind:

-ung	*-heit*	*-schaft*	*-keit*
die Ausbild**ung**	die Gesund**heit**	die Gesell**schaft**	die Aufmerksam**keit**
die Förder**ung**	die Sicher**heit**	die Land**schaft**	die Schwierig**keit**
...	...	...	...

-ei	*-tät*	*-tion*	*-enz*
die Bäcker**ei**	die Mobili**tät**	die Integra**tion**	die Differ**enz**
die Poliz**ei**	die Universi**tät**	die Präven**tion**	die Konfer**enz**
...	...	...	...

Die Regel heisst:

Nomen mit den Nachmorphemen _____

_____ sind immer _____ .

2 **Markier das Stammmorphem gelb. Schreib, von welchem Wort das Stammmorphem stammt und welche Wortart das ist.**

1. die Leist ung: *leisten (Verb)* _____

2. die Klugheit: *klug (Adjektiv)*

3. die Landschaft: _____

4. die Förderung: _____

5. die Erklärung: _____

6. die Unterstützung: _____

7. die Prüfung: _____

8. die Ernährung: _____

4 Ferien

Endlich Ferien!	erledigt	kontrolliert
Aufgabe 1, S. 43	☐	☐
Aufgabe 2, S. 43	☐	☐
Aufgabe 3, S. 43	☐	☐

Konjunktiv II im Präsens	erledigt	kontrolliert
Aufgabe 1, S. 44	☐	☐
Aufgabe 2, S. 44	☐	☐
Aufgabe 3, S. 45	☐	☐
Aufgabe 4, S. 45	☐	☐
Aufgabe 5, S. 46	☐	☐

Was würdest du tun?	erledigt	kontrolliert
Aufgabe 1, S. 47	☐	☐
Aufgabe 2, S. 47	☐	☐
Aufgabe 3, S. 47	☐	☐

Nebensätze mit Konjunktiv II	erledigt	kontrolliert
Aufgabe 1, S. 48	☐	☐
Aufgabe 2, S. 48	☐	☐
Aufgabe 3, S. 49	☐	☐

Hätte, könnte, würde, müsste ...	erledigt	kontrolliert
Aufgabe 1, S. 50	☐	☐

Wörter zergliedern	erledigt	kontrolliert
Aufgabe 1, S. 51	☐	☐
Aufgabe 2, S. 51	☐	☐
Aufgabe 3, S. 51	☐	☐

Ferien planen	erledigt	kontrolliert
Aufgabe 1, S. 52	☐	☐
Aufgabe 2, S. 52	☐	☐
Aufgabe 3, S. 52	☐	☐
Aufgabe 4, S. 52	☐	☐
Aufgabe 5, S. 53	☐	☐
Aufgabe 6, S. 53	☐	☐

Das will ich lernen:

_____

_____

_____

_____

_____

_____

_____

_____

Endlich Ferien!

1 Lies die Satzteile. Der Satzteil links umschreibt immer die Bedeutung vom Ausdruck im Satzteil rechts. Verbind die passenden Teile.

1. Wenn ich die Arbeit unterbreche, ... ☐   ☐ dann macht es mir Mühe. **a.**

2. Wenn ich etwas schwierig oder unangenehm finde, ... ☐   ☐ dann kann ich etwas nach Herzenslust tun. **b.**

3. Wenn ich mich erhole, ... ☐   ☐ dann lade ich meine Batterien wieder auf. **c.**

4. Wenn ich mich mit meinen Hobbys beschäftige, ... ☐   ☐ dann gehe ich meinen Interessen nach. **d.**

5. Wenn ich ganz frei bin, etwas zu machen, das mir Freude macht, ... ☐   ☐ dann lege ich eine Pause ein. **e.**

2 Lies den Text und die Begriffe im Schüttelkasten. Markier die Begriffe im Text wie im Beispiel.

denken an   sich erkundigen bei   Zeit haben für   sich erholen von   sich kümmern um   sprechen über   ~~sich freuen auf~~   Lust haben auf   warten auf   etwas unternehmen mit   reif sein für

Auf die Ferienzeit freuen sich in der Regel alle. Endlich hat man mal wieder Zeit für die eigenen Interessen oder kann etwas mit Freunden unternehmen. Ferien – das ist die Zeit, in der man sich von der Arbeit erholen kann. Und erholen kann man sich am besten, wenn man etwas anderes sieht, an etwas anderes denkt und über etwas anderes spricht als im Alltag. Man kann tun, worauf man Lust hat, und hat keine Pflichten, die das verhindern.

Auszeiten sind nötig, um die eigenen Batterien wieder aufzuladen. Im Alltag leisten wir sehr viel und das verbraucht Energie. Wenn wir über längere Zeit viel geleistet haben, sagen wir deshalb oft: «Ich bin reif für Ferien!» Damit meinen wir, dass wir nun dringend Ferien brauchen.

Auch Schülerinnen und Schüler warten oft sehnsüchtig auf die Ferien, besonders in den letzten Wochen vor den Sommerferien. Je älter sie werden, desto mehr merken sie, dass sich die Ferien nicht von allein organisieren. Wer etwas Spezielles unternehmen möchte, muss das im Voraus planen. Aber auch um Ferienjobs muss man sich früh genug kümmern, denn es ist oft sehr schwierig, kurzfristig einen zu finden. Jugendliche erkundigen sich am besten zuerst bei Nachbarn und Bekannten, ob man mithelfen kann, oder ob jemand Tipps für einen Ferienjob hat.

> Verben in festen Verbindungen mit den Präpositionen *auf, für, über* und *um* verlangen den Akkusativ.
> Verben in festen Verbindungen mit den Präpositionen *bei, mit, nach, von* und *vor* verlangen den Dativ.

3 Schreib Sätze wie im Beispiel mit den Verben aus Aufgabe 2. Lern deine Sätze nach der Korrektur auswendig sprechen.

Ich freue mich auf die Ferien, aber nicht auf die lange Reise im Auto.

Konjunktiv II im Präsens

1 **Lies die Sprechblasen, die Tabellen und die Regel.**

Aussagesatz im Konjunktiv II

1. Position	2. Position			letzte Position
Ich	würde	alle Ferien	im Sommer	nehmen.
Im Sommer	würde	ich	alle Ferien	nehmen.

Fragesatz im Konjunktiv II

1. Position	2. Position			letzte Position
	Würdest	du	das	tun?
Was	würdest	du	an seiner Stelle	tun?

Wenn wir über etwas sprechen, das wir uns
nur vorstellen, benützen wir den Konjunktiv II.

Die Regel heisst:

Für den Konjunktiv II benützt man meistens *würde + Infinitiv.*

2 **Hör und lies das Konjugationsgedicht. Markier überall den Konjunktiv II. Lern das
Konjugationsgedicht fast auswendig vorlesen.**

A6

Ferien

Ich würde alle fünf Wochen Ferien im Sommer nehmen.
Du würdest lieber im Winter zwei Wochen wegfahren.
Er würde an Weihnachten drei Wochen in die Ferien fahren,
aber sie würde das nicht tun.
Es würde sonst zu lange dauern bis zu den nächsten Ferien.
Wir würden in jeder Jahreszeit eine Woche Ferien nehmen.
Ihr würdet lange darüber nachdenken und nicht wissen, was tun.
Und die anderen, was würden sie tun?
Sie würden ganz einfach länger in die Schule gehen – wegen den 13 Wochen Ferien!

3 Lies die Sätze in der Tabelle und die Erklärungen laut.

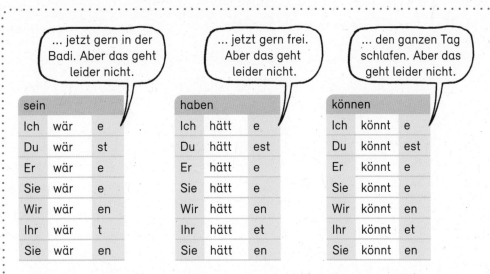

... jetzt gern in der Badi. Aber das geht leider nicht.

... jetzt gern frei. Aber das geht leider nicht.

... den ganzen Tag schlafen. Aber das geht leider nicht.

sein		
Ich	wär	e
Du	wär	st
Er	wär	e
Sie	wär	e
Wir	wär	en
Ihr	wär	t
Sie	wär	en

haben		
Ich	hätt	e
Du	hätt	est
Er	hätt	e
Sie	hätt	e
Wir	hätt	en
Ihr	hätt	et
Sie	hätt	en

können		
Ich	könnt	e
Du	könnt	est
Er	könnt	e
Sie	könnt	e
Wir	könnt	en
Ihr	könnt	et
Sie	könnt	en

Bei einigen Verben benützen wir nicht die zusammengesetzte Form *würde + Infinitiv*, sondern einfache Formen. Diese einfachen Formen werden aus dem Präteritum abgeleitet und ganz normal konjugiert. Lern die Formen auswendig.

Infinitiv	→	Präteritum	→	Konjunktiv II
sein	→	ich war	→	ich wäre
haben	→	ich hatte	→	ich hätte
können	→	ich konnte	→	ich könnte
müssen	→	ich musste	→	ich müsste
dürfen	→	ich durfte	→	ich dürfte
wissen	→	ich wusste	→	ich wüsste
brauchen	→	ich brauchte	→	ich bräuchte
kommen	→	ich kam	→	ich käme
gehen	→	ich ging	→	ich ginge
finden	→	ich fand	→	ich fände

4 Lies den Dialog im Themenbuch auf Seite 46 nochmals. Unterstreich alle einfachen Formen des Konjunktiv II.

4

5 Wählt Teil A oder B und deckt den anderen Teil mit einem Blatt ab. Fragt abwechselnd mit den Redemitteln und verbindet die Namen und Satzteile.

A

Flurin		hätte lieber zwei Monate Sommerferien		als nur fünf Wochen.
Kadir		wäre lieber den ganzen Sommer am Meer		**als mit der eigenen Familie.**
Ana				als wegzufahren.
Goran		**ginge lieber mit dem besten Freund in die Ferien**		als in einem Sportlager.
Dao		würden lieber mehr Zeit am Computer verbringen		als bei den Grosseltern.
Rohan und Pranav		bliebe im Sommer lieber in der Schweiz		als getrennte Ferien.
Ella und Ben		würde lieber zwei Wochen lang Geld verdienen		als in der Stadt.
Katharina		würde lieber eine Woche bei Verwandten verbringen		als in ein Hotel.
Joris				als nur eine Woche lang.
		ginge lieber auf einen Campingplatz		
		fänden gemeinsame Ferien besser		

Fragen

Was würde sich **Flurin** für die Ferien wünschen?

Was würden sich **Rohan und Pranav** für die Ferien wünschen?

Antworten

Er ginge lieber mit dem besten Freund in die Ferien als mit der eigenen Familie.

Sie ...

B

Flurin		wäre lieber den ganzen Sommer am Meer		als in ein Hotel.
Kadir		fänden gemeinsame Ferien besser		als nur fünf Wochen.
Ana		würden lieber mehr Zeit am Computer verbringen		als in einem Sportlager.
Goran				als nur eine Woche lang.
Dao		bliebe im Sommer lieber in der Schweiz		als bei den Grosseltern.
Rohan und Pranav		hätte lieber zwei Monate Sommerferien		als in der Stadt.
Ella und Ben		ginge lieber auf einen Campingplatz		**als mit der eigenen Familie.**
Katharina		**ginge lieber mit dem besten Freund in die Ferien**		als wegzufahren.
Joris		würde lieber eine Woche bei Verwandten verbringen		als getrennte Ferien.
		würde lieber zwei Wochen lang Geld verdienen		

Was würdest du tun?

1 Wenn du dich entscheiden müsstest, was würdest du wählen? Lies die Optionen und markier deine Wahl.

1. ☐ die Ferien am Meer verbringen   ODER   ☐ die Ferien in den Bergen verbringen

2. ☐ in den Ferien ein Museum besuchen   ODER   ☐ in den Ferien an einer Stadtführung teilnehmen

3. ☐ während den ganzen Ferien nur Glace essen   ODER   ☐ während den ganzen Ferien nur Pommes frites essen

4. ☐ während den ganzen Ferien darauf verzichten, mit Freunden zu kommunizieren   ODER   ☐ während den ganzen Ferien darauf verzichten, Internetvideos zu schauen

5. ☐ eine ganze Woche in der Wüste verbringen   ODER   ☐ eine ganze Woche am Nordpol verbringen

6. ☐ als Ferienjob in einem Garten Unkraut jäten   ODER   ☐ als Ferienjob in einem Haus die Fenster putzen

7. ☐ drei Städte in einer Woche besichtigen   ODER   ☐ drei Wochen in einer einzigen Stadt verbringen

8. ☐ Ferien in einem Baumhaus mitten im Wald verbringen   ODER   ☐ Ferien auf einem Segelboot mitten auf dem Meer verbringen

9. ☐ in den Sommerferien nur mit der Familie zusammen sein   ODER   ☐ in den Sommerferien nur mit Freunden zusammen sein

10. ☐ in den Ferien jeden Tag den Sonnenaufgang miterleben   ODER   ☐ in den Ferien jeden Tag den Sonnenuntergang miterleben

2 Sprecht über eure Antworten in Aufgabe 1 wie im Beispiel.

> Würdet ihr lieber einen Tag in der Wüste oder einen Tag am Nordpol verbringen?

> Ich würde lieber einen Tag in der Wüste verbringen, weil ich Eis und Schnee nicht mag.

> Ich würde lieber einen Tag am Nordpol verbringen, weil ich in der Wüste Angst hätte zu verdursten.

3 Schreib zwei neue Entscheidungsfragen für die Klasse.

1. Würdet ihr lieber ...

Nebensätze mit Konjunktiv II

1 **Lies die Sätze laut.**

Wenn ich jetzt frei hätte, würde ich mit meinen Kolleginnen in die Badi gehen.

Wenn ich jetzt frei hätte, würde ich mit meinen Kollegen in die Badi gehen.

Wenn die beiden jetzt konzentriert arbeiten würden, hätten sie heute Nachmittag nicht so viele Hausaufgaben und könnten in die Badi gehen.

Ich	würde	in die Badi	gehen,	wenn ich frei hätte.
Hauptsatz				Nebensatz
Zusammengesetzter Satz				

Wenn ich frei hätte,	würde	ich	in die Badi	gehen.
Nebensatz	Hauptsatz			
Zusammengesetzter Satz				

Der Nebensatz kann vor dem Hauptsatz stehen.
Dann steht er in der ersten Position.

Die Regel heisst:

Der Nebensatz kann in der _____ Position stehen.

Zwischen Haupt- und Nebensatz steht immer ein _____ .

2 **Was wäre, wenn? Beantworte die Fragen.**

1. Wenn ich jetzt frei hätte, würde ich _____

2. Wenn ich zwei Monate Ferien hätte, _____

3. Wenn ich in den Ferien kein Internet hätte, _____

4. Wenn ich nur noch an einem einzigen Ort auf der Welt Ferien machen dürfte, _____

_____

5. Wenn ich mir einen Ferienjob suchen müsste, _____

_____

6. Wenn mir in den Ferien langweilig wäre, _____

_____

3 Wählt Teil A oder B und deckt den anderen Teil mit einem Blatt ab. Fragt abwechselnd mit den Redemitteln und verbindet die Namen und Satzteile.

A

Flurin			wäre dagegen,			weil es ihr bald langweilig wäre.
Kadir			hätten nichts dagegen,			weil seine Familie in den Sportferien sowieso immer zu Hause bleibt.
Ana			würden sich darüber freuen,			weil sie ihre Freundin zu lange nicht mehr sehen würde.
Goran						weil er dann länger bei seinen Verwandten und Freunden im Ausland bleiben könnte.
Dao			**könnte sich das nicht vorstellen,**			weil sie dann von Januar bis April keine Ferien mehr hätte.
Rohan und Pranav			fände das eine tolle Idee,			
Ella und Ben			wäre das egal,			**weil er dann auf das Skilager verzichten müsste.**
Katharina			hätte etwas dagegen,			weil sie dann neben den Ferien auch noch vier Wochen mit einem Ferienjob Geld verdienen könnten.
			würde das gar nicht gefallen,			weil sie dann den Sommer so richtig auskosten könnten.

Fragen	Antworten
Wie **fände** es **Flurin**, wenn **er** sieben Wochen Sommerferien und dafür keine Sportferien **hätte**?	**Er könnte sich das nicht vorstellen, weil er dann auf das Skilager verzichten müsste.**
Wie **fänden** es **Rohan und Pranav**, wenn **sie** …	Sie …

B

Flurin			würden sich darüber freuen,			weil sie dann neben den Ferien auch noch vier Wochen mit einem Ferienjob Geld verdienen könnten.
Kadir			**könnte sich das nicht vorstellen,**			**weil er dann auf das Skilager verzichten müsste.**
Ana						
Goran			wäre das egal,			weil seine Familie in den Sportferien sowieso immer zu Hause bleibt.
Dao			wäre dagegen,			weil sie ihre Freundin zu lange nicht mehr sehen würde.
Rohan und Pranav			hätten nichts dagegen,			
Ella und Ben			würde das gar nicht gefallen,			weil er dann länger bei seinen Verwandten und Freunden im Ausland bleiben könnte.
Katharina			hätte etwas dagegen,			weil sie dann den Sommer so richtig auskosten könnten.
			fände das eine tolle Idee,			weil es ihr bald langweilig wäre.
						weil sie dann von Januar bis April keine Ferien mehr hätte.

Hätte, könnte, würde, müsste ...

A7 – A13

1 **Hör die Aussagen von der Umfrage aus dem Themenbuch und ergänz die fehlenden Verben.**

1. Also ehrlich gesagt _____ ich lieber öfter am Nachmittag schulfrei als

   längere Sommerferien. Dann _____ ich nämlich mehr Zeit für meine Hobbys

   neben der Schule.

2. Zwei Monate mit der Familie _____ ich nicht so toll. Das _____ ,

   glaube ich, sehr langweilig. Ich _____ wahrscheinlich nach drei Wochen schon

   nicht mehr, was mit der ganzen Zeit anfangen.

3. Ich _____ nichts gegen längere Ferien im Sommer. Dann _____

   ich länger bei meinen Verwandten und Freunden im Ausland bleiben. Da ich sie nur ein Mal im

   Jahr sehe, _____ es schon schön, wenn ich sie ein wenig länger _____

   _____ .

4. Klar _____ längere Sommerferien toll. Aber andererseits glaube ich, dass ich

   dann einfach alles wieder _____ _____ , was ich gelernt

   habe. Und dann _____ ich nach den Ferien einen totalen Stress.

5. Ich _____ mir _____ , dass es recht schwierig ist, nach zwei

   Monaten Ferien wieder mit der Schule anzufangen. Das ist ja nach fünf Wochen bereits schon

   schwierig. Ich _____ wahrscheinlich etwa zwei bis drei Wochen, bis ich mich

   wieder an den Schulrhythmus _____ _____ .

6. Ich _____ mir auf keinen Fall längere Sommerferien _____ ,

   weil ich sonst auf die Sport- oder Herbstferien verzichten _____ . Und das

   _____ für mich absolut nicht infrage, weil ich dann immer im Jugendlager bin

   und die sind mir einfach zu wichtig. Wenn es das Jugendlager nicht mehr

   _____ , _____ das ein grosser Verlust für mich!

7. Längere Sommerferien _____ ich gar keine so schlechte Idee. In unserem

   Schulhaus werden im Sommer die Zimmer immer so heiss, da kann ich gar nicht mehr richtig

   denken. Deshalb _____ es doch viel besser, wenn wir in der Hitzezeit frei

   _____ und das schöne Wetter _____ _____ .

   In den Sportferien und im Frühling hingegen _____ ich nicht unbedingt

   Ferien, da ist es mir sowieso zu kalt oder zu nass draussen.

Wörter zergliedern

1 Welche Wörter stecken in diesen zusammengesetzten Wörtern? Zeichne ein Diagramm wie im Beispiel und notier die Wortart dazu.

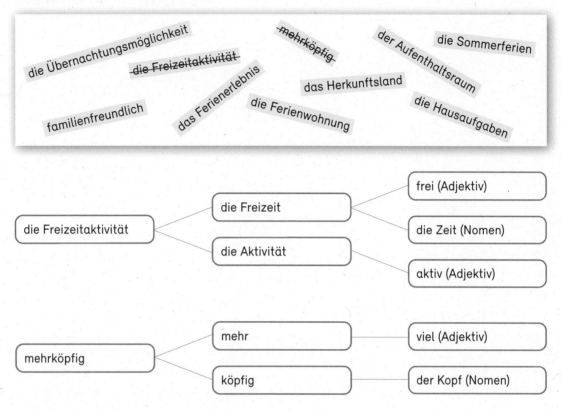

die Übernachtungsmöglichkeit
~~die Freizeitaktivität~~
~~mehrköpfig~~
der Aufenthaltsraum
die Sommerferien
familienfreundlich
das Ferienerlebnis
die Ferienwohnung
das Herkunftsland
die Hausaufgaben

die Freizeitaktivität	die Freizeit	frei (Adjektiv)
		die Zeit (Nomen)
	die Aktivität	aktiv (Adjektiv)

| mehrköpfig | mehr | viel (Adjektiv) |
| | köpfig | der Kopf (Nomen) |

2 Besprecht eure Diagramme wie im Beispiel.

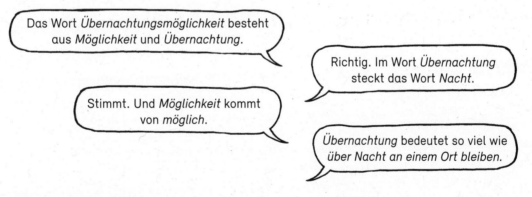

Das Wort *Übernachtungsmöglichkeit* besteht aus *Möglichkeit* und *Übernachtung*.

Richtig. Im Wort *Übernachtung* steckt das Wort *Nacht*.

Stimmt. Und *Möglichkeit* kommt von *möglich*.

Übernachtung bedeutet so viel wie über Nacht an einem Ort bleiben.

3 Erklär die zusammengesetzten Wörter in Aufgabe 1 in einem Satz.

1. Eine „Freizeitaktivität" ist etwas, was man in der Freizeit gerne macht, zum Beispiel ein Hobby oder ein Spaziergang.

2. „Mehrköpfig" nennt man zum Beispiel eine Familie, die mehrere Kinder hat.

Ferien planen

1 Geh auf die Website von den Schweizer Jugendherbergen. Wähl eine Jugendherberge, in der du gerne übernachten würdest. Begründe deine Wahl.

Am liebsten würde ich in der Jugendherberge in _____

übernachten, weil _____

_____ .

2 Wähl vier weitere Jugendherbergen, die dich interessieren, und trag alle fünf Standorte in die Schweizerkarte im Themenbuch auf Seite 53 ein.

3 Füll für die fünf ausgewählten Jugendherbergen die Tabelle aus.

Ort	Kanton	Anzahl Betten	Check-in-Zeit	Preis pro Nacht für ein Bett im Mehrbettzimmer
1. _____	_____	_____	_____	_____
2. _____	_____	_____	_____	_____
3. _____	_____	_____	_____	_____
4. _____	_____	_____	_____	_____
5. _____	_____	_____	_____	_____

4 Such auf der Website von den Schweizer Jugendherbergen die Seite «Fragen und Antworten». Such unter «Mitgliedschaft» die Antwort auf die erste Frage und schreib sie ab.

? **Muss man Mitglied sein, um in den Jugendherbergen übernachten zu können?**

_____

_____

_____

_____

_____

_____

_____

_____

_____

5 Such auf der Website von den Schweizer Jugendherbergen weitere Informationen zu folgenden Themen und notier sie in Stichworten.

Ausstattung von den Zimmern

_____

_____

_____

_____

Möglichkeiten für die Verpflegung

_____

_____

_____

_____

Wichtiges über die Mitgliedschaft

_____

_____

_____

_____

6 Zwei 16-Jährige wollen fünf Tage in einer Jugendherberge Ferien machen. Wählt eine Jugend- herberge aus und erstellt ein Budget, das so günstig wie möglich ist.

Bahn- und Busbillett, Hin- und Rückfahrt	Fr. _____
Übernachtung 4 Nächte (inkl. Kurtaxe und Tagesmitgliedschaft)	Fr. _____
Mittagessen und Abendessen 5 Tage	Fr. _____
eine Freizeitaktivität in der Umgebung	Fr. _____
total	Fr. _____

Hier findet ihr Informationen, die ihr für das Budget braucht:
— Fahrplanverbindungen und Billettpreise: www.sbb.ch
— Schweizer Jugendherbergen: www.youthhostel.ch
— Aktivitäten in der Schweiz: www.myswitzerland.com
Viele Orte haben auch ein Tourismusbüro mit eigener Website.

5 Freundschaft und Beziehung

Liebe und Beziehung	erledigt	kontrolliert
Aufgabe 1, S. 55	☐	☐

Test: Welcher Flirttyp bist du?	erledigt	kontrolliert
Aufgabe 1, S. 56	☐	☐
Aufgabe 2, S. 57	☐	☐
Aufgabe 3, S. 57	☐	☐

Nomen und Adjektive im Genitiv	erledigt	kontrolliert
Aufgabe 1, S. 58	☐	☐
Aufgabe 2, S. 58	☐	☐
Aufgabe 3, S. 59	☐	☐
Aufgabe 4, S. 59	☐	☐
Aufgabe 5, S. 59	☐	☐
Aufgabe 6, S. 60	☐	☐
Aufgabe 7, S. 60	☐	☐
Aufgabe 8, S. 61	☐	☐
Aufgabe 9, S. 61	☐	☐

Satzanalyse: Hauptsatz – Nebensatz	erledigt	kontrolliert
Aufgabe 1, S. 62	☐	☐
Aufgabe 2, S. 64	☐	☐

Beitritt der Kantone zur Eidgenossenschaft	erledigt	kontrolliert
Aufgabe 1, S. 65	☐	☐

Das will ich lernen:

_____

_____

_____

_____

_____

_____

_____

_____

_____

Liebe und Beziehung

1 **Lies die Begriffe zum Thema «Liebe und Beziehung» und ordne sie der richtigen Definition zu.**

1. Umgangssprachliche Begriffe

1. mit jemanden flirten (der Flirt)
2. das Date
3. sich in jemanden vergucken
4. verknallt sein
5. vergeben sein
6. knallrot werden
7. jemandem den Kopf verdrehen
8. im Erdboden versinken

a. einer Person so gefallen, dass sie sich sofort verliebt

b. in einer Beziehung sein

c. einer Person durch Blicke, Gesten oder lustige Aussagen zeigen, dass man sie interessant und attraktiv findet

d. bedeutet etwa das Gleiche wie *in jemanden verliebt sein* (= Synonym)

e. sich so sehr schämen, dass man am liebsten verschwinden würde

f. eine Verabredung mit einer Person, mit der man eine Beziehung haben möchte

g. bedeutet etwa das Gleiche wie *sich in jemanden verlieben* (= Synonym)

h. sich so schämen, dass man es im Gesicht sieht

2. Standardsprachliche Begriffe

1. die Liebesbeziehung
2. eine homosexuelle Beziehung
3. eine heterosexuelle Beziehung
4. das Beziehungsbild
5. sich öffentlich küssen
6. schwul
7. lesbisch
8. eine Beziehung gutheissen
9. frisch verliebt sein in
10. eifersuchtig sein
11. der Schwarm

a. die gegenseitige Liebe gegen aussen zeigen

b. die Vorstellung, die man von einer Beziehung hat

c. eine Beziehung akzeptieren

d. eine Liebesbeziehung zwischen zwei Personen mit dem gleichen Geschlecht

e. eine Verbindung, die man mit einer Person eingeht, weil man sie liebt

f. seit kurzer Zeit Liebesgefühle haben für

g. eine Person, in die man heimlich verliebt ist

h. eine Liebesbeziehung zwischen zwei Personen mit verschiedenem Geschlecht

i. Wenn ein Mann andere Männer liebt, ist er ...

j. Angst haben, dass sich die geliebte Person in eine andere Person verliebt

k. Wenn eine Frau andere Frauen liebt, ist sie ...

Test: Welcher Flirttyp bist du?

1 Lies alle Fragen und markier, welche Antwort für dich stimmt. Klär die unbekannten Wörter.

1. Glaubst du an Liebe auf den ersten Blick?
- a) Natürlich, das passiert mir ständig. (10)
- b) Nein, ich bin überzeugt, dass es das nicht gibt. (0)
- c) Ich glaube an Liebe auf den ersten Blick, nur passiert mir das nie. (5)

2. Was geschieht, wenn du einen Raum betrittst, in dem sich andere Personen befinden?
- a) Keine Ahnung, mein Blick ist meistens auf den Boden gerichtet. (0)
- b) Ich sage allen Hallo und meine Freunde freuen sich, mich zu sehen. (5)
- c) Wenn ich einen Raum betrete, sind alle Blicke auf mich gerichtet. (10)

3. Flirtest du oft?
- a) Ja, ständig! Es macht mir grossen Spass, auch wenn ich schon von Anfang an weiss, dass nichts daraus wird. (10)
- b) Nein, dafür bin ich viel zu schüchtern. (0)
- c) Im Internet traue ich mich mehr als im realen Leben. (5)

4. Wie verhältst du dich, wenn dich ein süsser Junge / ein süsses Mädchen anspricht?
- a) Ich versuche entspannt zu bleiben und schaue, was passiert. (5)
- b) Ich werde knallrot. (0)
- c) Ich freue mich und lasse mich auf das Gespräch ein. (10)

5. Wirst du eher angesprochen oder sprichst du eher jemanden an?
- a) In der Regel mache ich den ersten Schritt. (10)
- b) Ich warte, bis ich angesprochen werde. (0)
- c) Es ist in etwa ausgeglichen, würde ich sagen. (5)

6. Du verliebst dich auf den ersten Blick. Was machst du dann?
- a) Ich schreibe sofort meiner besten Freundin / meinem besten Freund und erzähle davon. (5)
- b) Ich traue mich nicht, die Person anzusprechen, aber ich schaue sie unauffällig an. (0)
- c) Wenn sie/er mir beim ersten Anblick schon den Kopf verdreht, muss ich sie/ihn sofort ansprechen. (10)

7. Wie sähe dein perfektes erstes Date aus?
- a) Wir würden in der Stadt einen Kaffee trinken und dann am See spazieren. (0)
- b) Ich würde sie/ihn nach Hause einladen, wo wir selbst gemachte Muffins essen. (5)
- c) Wir würden zusammen ins Kino gehen und eine Liebeskomödie schauen. (10)

8. Wie würdest du deinen Look beschreiben?

- ○ a) Ich trage trendige Kleidung und meine Lieblingsturnschuhe. (5)
- ○ b) Ich bin immer ziemlich gestylt. Es gefällt mir, wenn mich die anderen bewundern. (10)
- ○ c) Ich mag es, wenn ich nicht so auffalle. Kleidung ist mir nicht wichtig. (0)

9. Ein gut aussehendes Mädchen / ein gut aussehender Junge likt die Bilder in deinem Onlineprofil. Wie reagierst du?

- ○ a) Ich freue mich und bedanke mich für die Likes. (5)
- ○ b) Ich ärgere mich, dass si/er mich nicht anschreibt. (0)
- ○ c) Ich nutze die Chance und schreib sie/ihn sofort an. (10)

10. Könntest du dir vorstellen, sie/ihn deinen Eltern vorzustellen?

- ○ a) Oh nein, meine Eltern finden, dass ich noch zu jung bin für so etwas. (0)
- ○ b) Nein. Meine Eltern würde das zwar freuen, aber ich fände das peinlich. (5)
- ○ c) Ja, das wäre sicher gut. (10)

2 Zähl alle Punkte aus deinen Antworten zusammen.

3 Welches Testresultat passt zu deiner Punktzahl? Lies den entsprechenden Text und klär die Wörter.

0 – 30 Punkte

Frau und Herr Kaum-Flirt

Wahrscheinlich hat deine Schüchternheit viel damit zu tun, dass es bis jetzt noch nicht funktioniert hat. Du verhältst dich möglichst unauffällig und würdest deinen Schwarm niemals direkt ansprechen. Selbst wenn man dich anspricht, würdest du lieber im Erdboden versinken, als in die Offensive zu gehen. Du läufst rot an und flüchtest, bevor dein Schwarm eine Chance hat, mit dir ins Gespräch zu kommen.

Vorsicht: Man könnte dein Verhalten so interpretieren, dass du kein Interesse hast. Also versuche, deine Schüchternheit Schritt für Schritt zu besiegen und flirte zurück – dann klappt es irgendwann auch mit der Liebe!

35 – 70 Punkte

Frau und Herr Manchmal-Flirt

Du bist unkompliziert und hast eine sehr natürliche Art – das kommt gut an. Du hast zwar nichts gegen einen harmlosen Flirt, aber eigentlich suchst du eine ernsthafte Beziehung.

In der Regel machst du nicht den ersten Schritt, sondern versendest lieber versteckte Signale. Wenn du ernsthaftes Interesse hast, zeigst du das, indem du das Gespräch suchst.

Die perfekte Freundin / Der perfekte Freund wird sicher bald kommen. Bis dahin kannst du ja die Zeit mit deinen Freundinnen und Freunden geniessen.

70 – 100 Punkte

Frau und Herr Immer-Flirt

Du nutzt jede Chance. Du bist eine echte Flirtexpertin / ein echter Flirtexperte. Wenn du Interesse hast, dann zeigst du ihr/ihm das. Du bist sehr selbstbewusst, was auf viele anziehend wirkt. Aber es gibt auch Menschen, die deine Art verunsichert, und die unter Umständen sogar denken, dass du es nicht ernst meinst.

Wenn du merkst, dass jemand schüchtern ist, solltest du es lieber etwas langsamer angehen. Ab und zu ist es besser, nichts zu erzwingen. Wahre Liebe braucht manchmal ein bisschen Zeit, um zu wachsen.

Nomen und Adjektive im Genitiv

1 **Lies die Sätze und vergleich die zwei Versionen. Markier die Wörter, die anders sind.**

Andere Menschen sind
ein wichtiger Teil unseres Lebens.
In der Kindheit haben die Eltern
die Funktion eines Vorbilds.
In der Adoleszenz nimmt
die Bedeutung des Freundeskreises zu.

Andere Menschen sind
ein wichtiger Teil von unserem Leben.
In der Kindheit haben die Eltern
die Funktion von einem Vorbild.
In der Adoleszenz nimmt
die Bedeutung vom Freundeskreis zu.

Das sind Genitivformen. Der Genitiv
beschreibt ein anderes Nomen genauer.

Anstelle von Genitivformen kann man
auch *von + Dativ* benützen. Es bedeutet
genau dasselbe.

Den Genitiv benützt man vor allem im Schriftlichen,
von + Dativ benützt man vor allem im Mündlichen.

2 **Lies die Sätze mehrmals laut und ergänz die Regel.**

Andere Menschen sind ein wichtiger Teil ...

Andere Menschen sind ein wichtiger Teil ...

m. sg.	n. sg.	f. sg.	m./n./f. pl.
des normalen Alltags.	des ganzen Lebens.	der frühen Kindheit.	der verschiedenen Lebensabschnitte.
eines normalen Alltags.	eines ganzen Lebens.	einer frühen Kindheit.	verschiedener Lebensabschnitte.
meines normalen Alltags.	meines ganzen Lebens.	meiner frühen Kindheit.	meiner verschiedenen Lebensabschnitte.

Die Regel heisst:

1. Das Signal für Genitiv ist *-s* für maskuline und neutrale Artikel und Nomen.

2. Das Signal für Genitiv ist *-r* für feminine Artikel und im Plural.

3. Adjektive haben im Genitiv praktisch immer die Endung _____ , ausser im Plural, wenn es keinen Artikel gibt.

3 Lies den Text und markier alle Genitivformen.

Während unseres Lebens sind wir von Menschen umgeben. Andere Menschen sind deshalb ein wichtiger Teil unseres Lebens. Die Rollen der Mitmenschen ändern sich aber ständig. Im Allgemeinen haben Jugendliche heute untereinander viel mehr Kontakt als noch vor 200 Jahren. Damals spielte sich das Leben der Menschen vor allem in der Familie ab. Kinder und Jugendliche waren meistens unter der Aufsicht der Erwachsenen. Erst mit der Schulpflicht konnten sie Freundschaften mit Gleichaltrigen schliessen und die Bedeutung des Freundeskreises nahm zu.

4 Schreib die Sätze so um, dass sie einen Genitiv enthalten. Lies die Sätze nach der Korrektur mehrmals laut.

1. Den ersten Kuss gab ich einem Mädchen von der Parallelklasse.

   _____

2. Das erste Mal verliebt war ich in die Tochter vom Schwimmlehrer.

   _____

3. Meine Freundin lernte ich an einem Fest vom Schwimmclub kennen.

   _____

4. Wir arbeiteten beide am Grillstand von unserem Verein.

   _____

5. Die Eltern von meiner Freundin lernte ich nach zwei Monaten kennen.

   _____

6. Nach sechs Monaten haben sich unsere Eltern im Haus von meinem Vater kennen gelernt.

   _____

   _____

5 Ergänz die Endungen bei den Adjektiven. Lies die Sätze nach der Korrektur mehrmals laut.

Während unseres ganz _en_ Lebens sind wir von Menschen umgeben. Soziale Beziehungen sind

ein wichtiger Teil unseres alltäglich_____ Lebens. Die Rollen der verschieden_____ Mitmenschen

ändert sich aber ständig im Leben jedes einzeln_____ Menschen. Vor 200 Jahren spielte sich das

Leben der jung_____ Menschen vor allem in der Familie ab. Die meiste Zeit waren sie unter der

Aufsicht der anwesend_____ Erwachsenen. Erst mit der Schulpflicht konnten sie Freundschaften

mit Gleichaltrigen schliessen und die Bedeutung des eigen_____ Freundeskreises nahm zu.

Die Genitivendung im Maskulin und Neutrum Singular ist meistens -s.
das Leben ⟶ *des Lebens*

Aber nicht immer:
das Haus ⟶ *des Hauses*
das Erlebnis ⟶ *des Erlebnisses*
der Mensch ⟶ *des Menschen* (= n-Deklination)

Diese Formen muss man einzeln lernen.

6 Bilde aus den Satzteilen korrekte Aussagesätze.

1. sind / soziale Beziehungen / ein wichtiger Teil unseres Lebens

_____

_____

2. sich ändern / die Rollen der verschiedenen Mitmenschen / im Leben jedes einzelnen Menschen

_____

_____

3. die Funktion eines Vorbildes / in der Kindheit / die Eltern / haben

_____

_____

4. immer wichtiger / wird / in der Jugend / die Bedeutung der Freundschaften

_____

_____

7 Lies den Merkzettel. Schreib die Sätze so um, dass sie einen Genitiv enthalten.

> **Genitiv bei Eigennamen**
>
> Die neue Freundin von Michael spricht nicht mehr mit mir.
> Michaels neue Freundin spricht nicht mehr mit mir.

1. Die jüngere Schwester von Marco ist sehr sympathisch.

_____

2. Ich bin gerne mit der Schwester von Marco zusammen.

_____

3. Die Schwester von Marco heisst Margrit.

_____

4. Ich mag das laute Lachen von Margrit sehr.

_____

5. Vielleicht werde ich einmal der beste Freund von Margrit.

_____

8 Lies die Sätze mit den Erklärungen und ergänz die Regel.

Der Genitiv nach Präpositionen

Ausserhalb des Familienkreises habe ich viele Beziehungen.
Innerhalb des Sportclubs habe ich viele Kolleginnen und Kollegen.
Statt eines besten Freundes habe ich eine beste Freundin.

> Nach den Präpositionen *ausserhalb*,
> *innerhalb* und *statt* folgt immer ein Genitiv.

Während des letzten Schuljahres ist eine neue Schülerin in unsere Klasse gekommen.
Während dem letzten Schuljahr ist eine neue Schülerin in unsere Klasse gekommen.

Wegen der politischen Situation in ihrem Heimatland ist sie in die Schweiz gekommen.
Wegen der politischen Situation in ihrem Heimatland ist sie in die Schweiz gekommen.

Trotz aller Schwierigkeiten fühlt sie sich wohl in der neuen Klasse.
Trotz allen Schwierigkeiten fühlt sie sich wohl in der neuen Klasse.

Dank ihres netten Charakters hat sie schon zwei Kolleginnen gefunden.
Dank ihrem netten Charakter hat sie schon zwei Kolleginnen gefunden.

> Nach den Präpositionen *während*, *dank*,
> *wegen* und *trotz* folgt ein Genitiv oder ein Dativ.

Die Regel heisst:

Nach den Präpositionen _____ , _____ und

_____ folgt immer ein Genitiv.

---

9 Lies den Text. Setz die Endungen ein. Lies den Text nach der Korrektur mehrmals laut.

Meine erste Beziehung

Während mein_er_ erst_en_ Beziehung — (f) gab es immer wieder Probleme. Meine Freundin und

ich waren einfach ein bisschen überfordert. Statt ein_____ direkt_____ Gespräch_____ (n)

versuchten wir, die Probleme via Handy zu lösen. Wegen dies_____ Idee_____ (f) kam es zu

Missverständnissen und an einem Abend eskalierte das Ganze.

Es passierte während ein_____ Fest_____ (n). Ich war am Geburtstagfest ein_____

Freund_____ (m). Meine Freundin blieb zu Hause. Aus den vielen SMS ergab sich am Schluss ein

Streit. Am Fest war ich deswegen so schlecht gelaunt, dass ich statt ein_____ toll

Abend_____ (m) mit meinen Freunden einen nervigen Abend am Handy verbrachte.

Am nächsten Morgen klingelte meine Freundin dann zum Glück an der Tür unser_____

Wohnung_____ (f). Trotz d_____ Ärger_____ (m) d_____ letzt_____ Abend_____ (m) küssten wir

uns zur Begrüssung. Wir stellten schnell fest, dass alles nur ein grosses Missverständnis gewe-

sen war. Dank dies_____ Erlebnis _____ (n) besprechen wir unsere Probleme nicht mehr am Handy.

Satzanalyse: Hauptsatz – Nebensatz

1 Lies die Erklärungen und die Sätze in den Tabellen laut. Füll die Regel aus.

1. Der einfache Satz

Das Wetter	wird	zum Glück	sehr schön	sein.

Aussagesatz

> Aussagesätze und Fragesätze, die keine Nebensätze haben, nennt man einfache Sätze.

Was	wollen	wir	am Wochenende	tun?

Fragesatz mit Fragewort

	Wollen	wir	in den Skatepark	gehen?

Fragesatz ohne Fragewort

2. Der zusammengesetzte Satz

Mirko	schlägt	wie immer	vor,	dass wir im Skatepark skaten könnten.

Hauptsatz	Nebensatz

Zusammengesetzter Satz

> Ein Hauptsatz und ein Nebensatz bilden einen zusammengesetzten Satz.

Weil Andrina einen Skate-Unfall hatte,	darf	sie	nicht mehr	skaten.

Nebensatz	Hauptsatz

Zusammengesetzter Satz

> Der Nebensatz kann auch vor dem Hauptsatz stehen. Dann besetzt er die erste Position.

3. Der eingeschobene Nebensatz

Am Samstag,	nachdem alle die Hausaufgaben gemacht haben,	möchten	wir	uns	am Fluss	treffen.
Hauptsatz 1. Teil	**Nebensatz**	**Hauptsatz 2. Teil**				

Zusammengesetzter Satz

> Der Nebensatz kann den Hauptsatz in zwei Teile teilen. Der Nebensatz steht dann zwischen zwei Kommas.

Wir	möchten	uns	am Samstag,	nachdem alle die Hausaufgaben gemacht haben,	am Fluss	treffen
Hauptsatz 1. Teil				**Nebensatz**	**Hauptsatz 2. Teil**	

Zusammengesetzter Satz

4. Ordnung der Nebensätze

Unser Lieblingsplatz	ist	bei der Brücke,	wo es grosse Steine hat,	auf denen man gut sitzen kann.
Hauptsatz			**Nebensatz 1. Grades**	**Nebensatz 2. Grades**

Zusammengesetzter Satz

> Ein zusammengesetzter Satz kann auch zwei oder mehr Nebensätze haben. Die Nebensätze werden mit Kommas abgetrennt.

> Der Nebensatz 2. Grades bezieht sich auf den Nebensatz 1. Grades.

Die Regel heisst:

1. Ein zusammengesetzter Satz besteht aus einem _____

   und mindestens einem _____ .

2. Ein Nebensatz kann auch _____ stehen.

3. Ein Nebensatz kann auch mitten _____ stehen.

4. Nebensätze werden immer mit _____ abgetrennt.

2 **Lies den Text. Unterstreich die Hauptsätze rot und die Nebensätze blau.**

Ein Picknick mal anders!

Alles begann so schön. Am Freitag, als die Schule fertig war, traf ich meine Kolleginnen und Kollegen vor der Schule. Wir überlegten, was wir am Wochenende tun sollten. Mirko schlug sofort vor, dass wir am Samstagnachmittag im Skatepark skaten könnten. Andrina darf aber nicht skaten, weil sie einen Unfall hatte. Zudem kann Luca gar nicht skaten. Beide würden sich im Skatepark nur langweilen. Ich schlug vor, dass wir am Samstagmittag am See ein Picknick machen und Federball spielen könnten. Das fanden alle eine gute Idee.

Als ich etwas später zu Hause ankam, lag mein kleiner Bruder im Bett. Meine Mutter sagte mir, dass er am Mittag von der Schule nach Hause kommen musste, weil er Fieber hatte. Sie sagte auch, dass ich am Samstag zu Hause bleiben müsse, wenn es ihm nicht besser ginge. Meine Eltern wollten nämlich zu meinen Grosseltern fahren und da könnten sie meinen kleinen Bruder nicht mitnehmen. Ich ahnte schon Schlimmes.

Am nächsten Morgen hatte mein Bruder immer noch Fieber. Das Picknick am Fluss konnte ich also vergessen. Meine Eltern fuhren um 10 Uhr weg und ich blieb mit meinem Bruder zu Hause. Ich wusste, dass mich ein langweiliger Tag erwartete.

Im Gruppenchat informierte ich alle, was bei mir zu Hause geschehen war. Alle fanden es schade, dass ich beim Picknick nicht dabei sein konnte. Da schlug Andrina vor, dass wir das Picknick bei mir zu Hause machen könnten. Das fanden alle eine fantastische Idee, auch weil es trotz der guten Wetteraussichten zu regnen anfing.

Um 12 Uhr kamen alle meine Kolleginnen und Kollegen zu mir. Wir setzten uns im Wohnzimmer auf den Boden und packten das mitgebrachte Essen und Trinken aus. Mein kleiner Bruder legte sich auf das Sofa, sodass er alle sehen konnte. Wir assen unser Picknick, tranken Tee und taten so, als ob wir am See wären. Luca sagte auf einmal: «Schaut da drüben die Enten. Sie fliegen über den See.» Wir lachten alle und taten mit den Armen so, als ob wir fliegen würden. Da stand Andrina auf und sagte zu mir: «Komm, wir spielen Federball!» Ich verstand sofort, stand auf und tat so, als ob ich mit dem Schläger den Federball schlagen würde. Andrina tat dasselbe. Wir spielten ohne Schläger und ohne Federball. Es war so lustig, dass alle laut lachen mussten. Auch mein kleiner Bruder musste so lachen, dass er sein Fieber vergass.

Wir haben bis 18 Uhr so getan, als ob wir schwimmen, Fussball spielen, Frösche beobachten und auch Würste grillieren würden. Als Andrina, Mirko und alle anderen dann nach Hause gehen mussten, sagten alle, dass es das lustigste Picknick war, das sie je erlebt hatten. Und als meine Eltern am Abend zurückkamen, hatte mein kleiner Bruder kein Fieber mehr. Er hatte sich gesundgelacht!

Beitritt der Kantone zur Eidgenossenschaft

1 Wählt Teil A oder B und deckt den anderen Teil mit einem Blatt ab. Fragt abwechselnd, wann welcher Kanton der Eidgenossenschaft beigetreten ist.

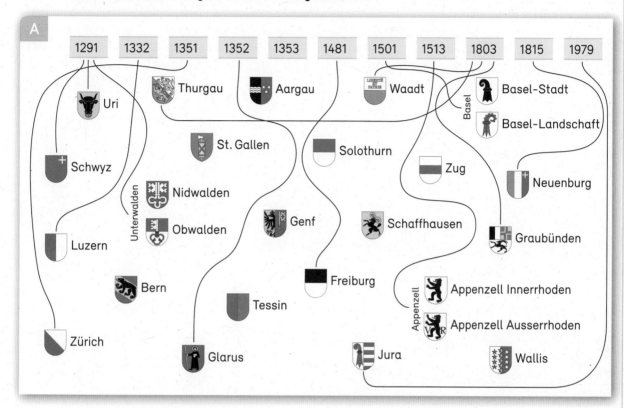

Fragen	Antworten
Wann ist der Kanton **Luzern** der Eidgenossenschaft beigetreten?	Der Kanton **Luzern** ist **1332** der Eidgenossenschaft beigetreten.
Welche Kantone sind **im gleichen Jahr** beigetreten?	1291 sind die Kantone **Uri, Schwyz und Unterwalden** der Eidgenossenschaft beigetreten.

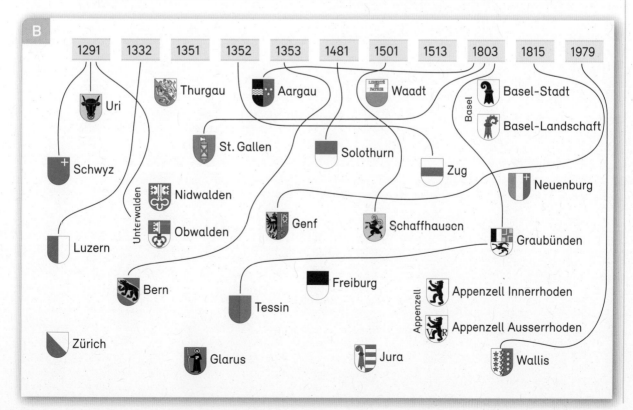

6 Was tut dir gut?

	erledigt	kontrolliert
Positives Körperbild		
Aufgabe 1, S. 67	☐	☐
Aufgabe 2, S. 67	☐	☐
Aufgabe 3, S. 68	☐	☐
Aufgabe 4, S. 68	☐	☐
Aufgabe 5, S. 69	☐	☐
Aufgabe 6, S. 69	☐	☐
Nebensätze mit *seit/seitdem*		
Aufgabe 1, S. 70	☐	☐
Aufgabe 2, S. 71	☐	☐
Aufgabe 3, S. 71	☐	☐

	erledigt	kontrolliert
Die Packungsbeilage		
Aufgabe 1, S. 72	☐	☐
Aufgabe 2, S. 72	☐	☐
Aufgabe 3, S. 72	☐	☐
Aufgabe 4, S. 73	☐	☐
Aufgabe 5, S. 73	☐	☐
Würdest du das tun?		
Aufgabe 1, S. 74	☐	☐
Aufgabe 2, S. 74	☐	☐
Aufgabe 3, S. 75	☐	☐
Aufgabe 4, S. 75	☐	☐
Politische Rechte in der Schweiz		
Aufgabe 1, S. 76	☐	☐
Aufgabe 2, S. 77	☐	☐
Aufgabe 3, S. 77	☐	☐

Das will ich lernen:

_____

_____

_____

_____

_____

_____

_____

_____

_____

_____

Positives Körperbild

1 **Lies die Definition und klär die Wörter.**

> ### Körperbild
>
> Das Bild, das eine Person vom eigenen Körper hat, nennt man «Körperbild». Dieses entsteht einerseits durch die Person selbst. Jede und jeder sieht den eigenen Körper im Spiegel oder merkt zum Beispiel beim Rennen, wie fit er oder sie ist. Andererseits wird das eigene Körperbild von aussen beeinflusst. Bilder in Zeitschriften oder in den sozialen Medien können das eigene Körperbild beeinflussen. Zudem merken wir, was andere Leute über unseren Körper denken, und wir reden mit Freundinnen und Freunden über unseren Körper. Ein positives Körperbild von sich zu haben, bedeutet, dass man den eigenen Körper positiv wahrnimmt, mit ihm zufrieden ist und ihn akzeptiert, unabhängig vom Gewicht, der Grösse, den Formen oder der sportlichen Leistung.

2 **Formulier die Sätze positiv wie im Beispiel und ergänz einen eigenen Satz.**

1. Roberto findet sich zu klein.

Roberto ist zwar nicht der Grösste, aber darauf kommt es im Leben nicht an.

2. Julia findet sich zu dick.

Julia hat zwar kein Idealgewicht, aber das ist ihr egal.

3. Leo findet seinen Bauch hässlich.

_____

_____

4. Olivia findet ihre Nase zu gross.

_____

_____

5. Angelo findet seine Füsse zu gross.

_____

_____

6. Ich finde _____

_____

_____

3   Lies den Text einer Bloggerin zum Thema Körperbild. Klär die Wörter.

Consuelita
Stäfa, Schweiz   Folgen

♡ ○

Gefällt 3.576 Mal
11. Oktober 2020

Viele Menschen sind mit ihrem Körper nicht zufrieden. Viele sagen, dass ihnen etwas an ihrem Körper nicht gefällt. Sie meinen auch, dass sie glücklicher wären, wenn sie dies ändern könnten. Viele Menschen investieren deshalb extrem viel Energie, um ihren Körper zu «verbessern».

Es ist tatsächlich nicht immer leicht, sich selbst so zu akzeptieren und zu lieben, wie man ist. In der Werbung und in den sozialen Medien zeigen scheinbar perfekte Menschen ihr scheinbar perfektes Leben. Das sind alles falsche Bilder, die wir uns einprägen.

Ich will Menschen ermutigen, ehrlich zu sein und die Realität zu zeigen: Versucht, die Schönheit im Normalen und Alltäglichen zu erkennen. Das ist wunderbar und macht Spass. Und wo Ehrlichkeit Spass macht, wird das Perfekte plötzlich langweilig. Vor fünf Monaten habe ich diesen Blog gestartet. Seitdem kommen täglich Posts rein. Das gefällt mir!

4   Wie findest du den Text der Bloggerin? Schreib einen Post. Schreib, ob du mit dem Text einverstanden bist oder eher nicht und warum. Benütz die Satzanfänge.

positiv antworten	kritisch antworten
Danke für deinen Text. Er hat mir Mut gemacht, weil …	Das ist alles schön und gut, aber …
Dein Text hat mir gefallen, weil …	Dein Text hat mir gar nicht gefallen, weil …
Ich lese deinen Blog gerne, weil …	Ich finde, dass du übertreibst, weil …
Das Thema ist wichtig, weil …	Das Thema ist zwar wichtig, aber …
Dein Text ist inspirierend, denn er gibt mir …	Nach dem Lesen des Texts hatte ich so viele Zweifel, dass …
Ich finde gut, dass du dieses Thema aufgenommen hast, denn es ist …	Ich finde nicht gut, dass du dieses Thema so behandelst, denn es ist …

5 Lies die Aussagen und die Texte und ordne sie einander zu.

1. Such eine Sportart, die zu dir passt. ◯
2. Lass dich nicht von den Medien beeinflussen. ◯
3. Find neue Vorbilder. ◯
4. Lern, wie man sich ausgewogen ernährt. ◯
5. Schätz deinen Körper für das, was er kann. ◯

a. Die Medien zeigen Bilder von grossen, schlanken Frauen und von muskulösen Männern. Durch diese Bilder erhalten wir eine verzerrte Vorstellung davon, wie ein idealer Körper aussieht. Wenn du solche Bilder siehst, denk daran, dass sie nur eine von vielen möglichen Körperformen abbilden. ◯

b. Beurteil deinen Körper nicht nach seinem Aussehen, sondern nach dem, was er kann. Mit deinem Körper kannst du dich bewegen, schöne Sachen sehen, gute Musik hören oder unterschiedlichste Gerüche wahrnehmen. ◯

c. Du fühlst dich wohl, wenn du genug Wasser trinkst und abwechslungsreiches Essen geniesst. Eine gesunde Ernährung tut unserem Körper und unserem Geist gut. ◯

d. Es ist schön, ein Vorbild zu haben. Doch dieses muss nicht unbedingt eine Sportlerin oder ein Sportler mit einem athletischen Körper sein. Denn es gibt noch mehr im Leben als sportliche Leistung. Überleg dir, wen du für seine/ihre Leistung auch noch bewunderst. Ein solches Vorbild kann dich inspirieren und dir helfen, Talente in dir zu entdecken. ◯

e. Finde eine Sportart oder eine körperliche Tätigkeit, die dir Spass macht, und plan sie in deinen Alltag ein. Denn Bewegung hilft, dass du dich besser fühlst, und du kannst so leichter Stress abbauen. ◯

6 Worauf kommt es im Leben an? Diskutiert wie im Beispiel und benützt die Formulierungen.

> Im Leben kommt es auf die Ehrlichkeit an, weil am Schluss meistens die Wahrheit gewinnt.

> Das stimmt, aber manchmal ist es nicht einfach, ehrlich zu sein.

> Ich bin manchmal auch nicht ehrlich.

Meinung äussern

Im Leben kommt es auf die Liebe an, weil ...

Wichtig ist die Treue, weil ...

Wichtig ist die Gesundheit, weil ...

Mir scheint es wichtig, grosszügig zu sein, zum Beispiel wenn ...

Toleranz ist für mich etwas sehr Wichtiges im Leben, denn ohne Toleranz ...

Was im Leben zählt, sind gute Freundinnen und Freunde, denn ...

Nebensätze mit *seit/seitdem*

1 **Lies die Erklärungen und die Sätze laut. Ergänz die Regel.**

1. Nebensätze mit *seit* oder *seitdem* definieren den Zeitpunkt, ab dem etwas geschieht.
   Seit und *seitdem* sind Konjunktionen und bedeuten das Gleiche.

Mein bester Freund	hat	keine Zeit	für mich,	seit/seitdem er die ganze Zeit trainiert.
Hauptsatz				Nebensatz

Zusammengesetzter Satz

Seit/Seitdem mein bester Freund die ganze Zeit trainiert,	hat	er		keine Zeit	für mich.
Nebensatz	Hauptsatz				

Zusammengesetzter Satz

> Der Nebensatz kann auch in der ersten Position stehen.

2. Nebensätze mit *seit* oder *seitdem* können in einen einfachen Satz umformuliert werden.

Seit/Seitdem ich vor fünf Monaten meinen Blog aufgeschaltet habe,	schreiben mir viele Leute positive Posts.
Nebensatz	Hauptsatz

Zusammengesetzter Satz

Vor fünf Monaten habe ich meinen Blog aufgeschaltet.	Seitdem schreiben mir viele Leute positive Posts.
Einfacher Satz	Einfacher Satz

> *Seitdem* ist hier ein Adverb der Zeit und bezieht sich auf einen Zeitpunkt im Satz davor.

3. Nebensätze mit *seit* oder *seitdem* können in Präpositionalobjekte umformuliert werden.

Seit/Seitdem ich den Blog aufgeschaltet habe,	schreiben	mir	viele Leute	positive Posts.
Nebensatz	Hauptsatz			

Zusammengesetzter Satz

Seit der Aufschaltung des Blogs	schreiben	mir	viele Leute	positive Posts.
Einfacher Satz				

> Im Präpositionalobjekt wird das Verb vom Nebensatz zu einem Nomen. *Seit* ist die Präposition (+ Dativ).

Die Regel heisst:

1. Nebensätze mit *seit* oder *seitdem* definieren _____ .

   Seit und *seitdem* sind _____ und bedeuten _____ .

2. Im einfachen Satz ist *seitdem* ein _____ , das sich auf

   einen Zeitpunkt im Satz davor bezieht.

3. Ein Nebensatz mit _____ kann in ein

   Präpositionalobjekt mit der Präposition _____ umformuliert werden.

2 **Formulier die zwei Hauptsätze wie im Beispiel zu einem zusammengesetzten Satz um.**

1. Mein Freund und ich haben gestritten. Seitdem spricht er nicht mehr mit mir.

   Seit mein Freund und ich gestritten haben, spricht er nicht mehr mit mir.

2. Mein Freund ist jetzt nicht mehr in der gleichen Klasse. Seitdem sehen wir uns fast nicht mehr.

   _____

   _____

3. Meine Freundin wohnt jetzt in einer anderen Stadt. Seitdem sehen wir uns fast nur noch über Skype.

   _____

   _____

4. Meine Freunde treffen sich jetzt im Jugendzentrum. Seitdem gehe ich auch öfters dahin.

   _____

   _____

3 **Formulier den zweiten Satz als Präpositionalobjekt wie im Beispiel.**

1. Die Sommerferien haben begonnen. Seitdem treffe ich meine Kolleginnen am See.

   Seit dem Beginn der Sommerferien treffe ich meine Kolleginnen am See.

2. Die Schule hat begonnen. Seitdem treffe ich meine Kolleginnen in der Schule.

   _____

   _____

3. Das Training hat begonnen. Seitdem treffe ich meine Kolleginnen wieder im Volleyballclub.

   _____

   _____

4. Der Musikunterricht hat begonnen. Seitdem übe ich wieder intensiv Gitarre.

   _____

   _____

Die Packungsbeilage

1 Schau das Bild an und lies den Text. Klär die Wörter.

Medikamente werden immer zusammen mit einer Packungsbeilage verkauft. In der Packungsbeilage steht alles, was man über das Medikament wissen muss.

2 Lies die Texte aus der Packungsbeilage. Klär die Wörter.

Gegenjuck®

1. *Gegenjuck®* ist ein Antiallergikum zur lokalen Behandlung. Durch die Zusammensetzung verschiedener Wirkstoffe hat die Salbe eine beruhigende und kühlende Wirkung bei verschiedenen Reizungen der Haut.

2. Die Anwendungsgebiete sind Insektenstiche, Sonnenbrand oder allergische Reaktionen der Haut.

3. Die Salbe auf die entsprechende Hautstelle dick auftragen und einziehen lassen. Sie kann mehrmals täglich angewendet werden.

4. Bei Personen mit empfindlicher Haut können Nebenwirkungen wie trockene Haut auftreten.

5. Nach dem Öffnen ist die Salbe ein halbes Jahr haltbar. Die Aufbewahrung muss bei Raumtemperatur sein.

3 Die Titel zu den einzelnen Abschnitten von Packungsbeilagen sind in der Regel als Fragen formuliert. Welche Frage passt zu welchem Abschnitt in der Packungsbeilage von Aufgabe 2? Notier die Zahl.

☐ Wie ist *Gegenjuck®* anzuwenden?

☐ Was ist *Gegenjuck®*?

☐ Wie ist *Gegenjuck®* aufzubewahren?

☐ Wofür wird *Gegenjuck®* angewendet?

☐ Welche Nebenwirkungen sind möglich?

4 Packungsbeilagen enthalten schwierige Wörter. Such folgende Wörter in der Packungsbeilage von Aufgabe 2 und markier sie. Verbind die Wörter mit den Erklärungen.

1. die Zusammensetzung ◯

2. die Aufbewahrung ◯

3. *Gegenjuck®* ◯

4. der Wirkstoff ◯

5. das Anwendungsgebiet ◯

6. die Haltbarkeit ◯

◯ Dieses Wort bezeichnet einen Inhaltsstoff des Medikaments und die Art und Weise, wie dieser wirkt. **a.**

◯ Beim Namen des Medikaments steht ein Zeichen. Es bedeutet, dass das Medikament offiziell angemeldet ist und der Name des Medikaments geschützt ist. Nur die Firma, die das Medikament entwickelt hat, darf den Namen benützen. **b.**

◯ Dieses Wort bezeichnet die Dauer, wie lange das Medikament verwendet werden darf. **c.**

◯ Dieses Wort bezeichnet die Art und Weise, wie das Medikament angewendet werden soll. **d.**

◯ Dieses Wort bezeichnet, aus welchen Inhaltsstoffen das Medikament besteht. **e.**

◯ Dieses Wort bezeichnet die Art und Weise, wie das Medikament gelagert werden soll. **f.**

Im Deutschen benützt man unterschiedliche Begriffe für Medikamente.

Für *das Medikament* sagt man auch:

das Arzneimittel   die Arznei   das Heilmittel

die Medizin   das Präparat   das Hausmittel

5 In einer Werbung für ein Medikament im Fernsehen oder am Radio müssen am Schluss der Werbung jeweils die unten stehenden Standardsätze kommen. Hör die Sätze und sprich sie nach. Wer spricht die Sätze korrekt und am schnellsten?

A 14

Würdest du das tun?

1 Schau die Bilder an und lies die Formulierungen. Ordne sie den Bildern zu.

1. Ohrlöcher stechen lassen	9. einen Schnauz wachsen lassen
2. die Lippen schminken	10. die Wimpern verlängern
3. ein Henna-Tattoo machen lassen	11. ein Tattoo stechen lassen
4. die Fingernägel lackieren	12. ein Nasenpiercing machen lassen
5. die Haare färben	13. ein Augenbrauenpiercing machen lassen
6. die Haare verlängern lassen	14. Ohrlöcher dehnen
7. Brusthaare entfernen	15. die Haut im Solarium bräunen
8. einen Bart wachsen lassen	16. die Zähne bleichen lassen

2 Fragt und antwortet mit den Formulierungen aus Aufgabe 1 wie im Beispiel.

> Würdest du deine Haare färben?

> Ja, sicher. Das habe ich auch schon gemacht. Und du?

> Nein, das würde ich auf keinen Fall tun! Das ist mir zu teuer.

3 Was denkst du zu folgenden Aussagen? Kreuz an.

Meinungen zur Gestaltung des eigenen Körpers	Ich stimme zu.	Ich stimme nicht zu.
1. Wie auch immer man seinen Körper gestaltet, wichtig ist, dass man sich wohlfühlt.	☐	☐
2. Ich finde es nicht gut, wenn Menschen ihren Körper dauerhaft verändern, zum Beispiel durch Tattoos oder Schönheitsoperationen.	☐	☐
3. Ich finde es spannend, immer wieder mal etwas Neues an meinem Körper auszuprobieren. Es macht einfach Spass und ich fühle mich schöner.	☐	☐
4. Mich nervt es, dass die Leute so viel Geld in die Schönheit investieren. Wer hat eigentlich bestimmt, was schön ist? Das sind doch diejenigen, die mit dem Schönheitswahn Geld verdienen.	☐	☐
5. Durch die Gestaltung des eigenen Körpers sagt man viel über sich aus. Deshalb sollte man sich gut überlegen, was zu einem passt.	☐	☐
6. Mir sind die Leute sympathisch, die sich natürlich geben. Wer schön ist, hat es nicht nötig, sich stark zu verändern.	☐	☐
7. Ein spezieller, eigener Stil ist cool. Nach der Mode zu gehen, ist langweilig.	☐	☐
8. Ich bin der Meinung, dass jeder Mensch selber entscheiden muss, wie er seinen Körper gestaltet. Und dass man die anderen so akzeptieren soll, wie sie sind.	☐	☐
9. Meiner Ansicht nach ist ein gepflegtes Aussehen sehr wichtig. Wer sich gehen lässt, hinterlässt einen schlechten Eindruck.	☐	☐
10. Wer sich zu viele Meinungen anhört, wird verunsichert. Es ist wichtig, dass man das tut, was wirklich zu einem passt.	☐	☐

4 Fragt und antwortet mit der Tabelle in Aufgabe 3 wie im Beispiel.

Bist du mit der ersten Aussage einverstanden?

Ja, sicher.

Warum?

Weil jeder Mensch vor allem auf sich selber schauen muss.

Politische Rechte in der Schweiz

1 Lies die Entwicklung des Stimm- und Wahlrechts für Ausländerinnen und Ausländer und erstell eine Liste mit den Jahreszahlen und den Informationen.

Das Stimm- und Wahlrecht für Ausländerinnen und Ausländer

Alle Schweizer Staatsangehörigen über 18 Jahren sind stimmberechtigt. Ausländerinnen und Ausländer sind, auch wenn sie seit Langem in der Schweiz leben, auf nationaler Ebene nicht stimmberechtigt. Auf kantonaler Ebene sieht das aber etwas anders aus. Einige Kantone haben nämlich das Stimm- und Wahlrecht auch auf Personen mit dem Ausländerausweis C ausgedehnt.

Der erste Kanton war Neuenburg. 1849, also ein Jahr nach der Gründung der Eidgenossenschaft, konnte die ausländische Wohnbevölkerung auf Gemeindeebene abstimmen. Das Stimm- und Wahlrecht auf kantonaler Ebene wurde erst viele Jahre später eingeführt, und zwar im Jahr 2002.

Im Jahr 1979 wurde der Kanton Jura gegründet. Mit der neuen Kantonsverfassung erhielten niedergelassene Ausländerinnen und Ausländer das Stimm- und Wahlrecht auf kommunaler und auf kantonaler Ebene. Seit 2014 haben sie auch das passive Wahlrecht, das heisst, sie können in eine Behörde oder in ein politisches Amt gewählt werden, sofern sie seit mindestens zehn Jahren in der Schweiz leben.

Auf Gemeindeebene können Personen mit dem Ausländerausweis C in den Kantonen Waadt seit 2003, Freiburg seit 2005 und Genf seit 2005 abstimmen.

In der Deutschschweiz können die Gemeinden der Kantone Appenzell Ausserrhoden (seit 1996) und Graubünden (seit 2004) das Stimm- und Wahlrecht für Ausländerinnen und Ausländer einführen. Das steht zwar in den Verfassungen dieser Kantone, aber erst wenige Gemeinden haben es bisher eingeführt.

In den Kantonen Bern und Basel-Stadt sind Abstimmungen über die Einführung des Ausländerstimmrechts im September 2010 gescheitert. Es ist anzunehmen, dass in den kommenden Jahrzehnten die politischen Rechte für Ausländerinnen und Ausländer immer wieder diskutiert werden und dass es deshalb auch zu entsprechenden Abstimmungen kommen wird.

Abstimmungsplakat von 2013

Ausländerausweis C

– für EU-Bürgerinnen und -Bürger, die seit mindestens fünf Jahren in der Schweiz leben

– für alle anderen Ausländerinnen und Ausländer, die seit mindestens zehn Jahren in der Schweiz leben

Stimm- und Wahlrecht für Ausländerinnen und Ausländer

Kanton	Kantonsebene	Gemeindeebene	Bedingung
Neuenburg	2002	1849	niedergelassen

2 Lies die Texte und die Abstimmungsplakate. Wie hättest du abgestimmt? Notier deine Meinung.

Vorlage von 2013 zur Erhöhung der Gebühr der Autobahnvignette

Der Bundesrat wollte die Gebühr der Autobahnvignette von 40 auf 100 Franken pro Jahr erhöhen. Mit den Einnahmen wollte der Bund mehr Geld für den Ausbau der Nationalstrassen investieren.
Die Gegner fanden, dass es schon genug Steuern für das Autofahren gibt.
Die Vorlage wurde vom Volk nicht angenommen. Die Autobahnvignette kostet noch heute 40 Franken.

Volksinitiative von 2015 zur Abschaffung der Radio- und Fernsehgebühren

Einige Personen wollten die Radio- und Fernsehgebühren von rund 450 Franken pro Jahr abschaffen. Sie meinten, dass sich das staatliche Radio und Fernsehen vor allem mit den Einnahmen aus der Werbung finanzieren sollte, so wie das private Sender auch tun. Deshalb lancierten sie eine Initiative und sammelten die notwendigen 100 000 Unterschriften.
Die Gegner der Initiative meinten, dass das staatliche Radio und Fernsehen von den Interessen der grossen Firmen, die die Werbungen finanzieren, unabhängig bleiben muss.
Die Initiative wurde vom Stimmvolk abgelehnt. Die Radio- und Fernsehgebühr kostet heute aber nur noch 365 Franken pro Jahr.

3 Diskutiert in der Gruppe eure Meinungen. Benutzt dazu die Formulierungen.

die eigene Meinung ausdrücken

Meiner Meinung nach ist es gut, wenn ...
Ich bin der Ansicht, dass ...
Ich finde, dass ...

widersprechen

Man muss bedenken, dass ...
Da bin ich gar nicht einverstanden, weil ...
Das halte ich für sehr problematisch, weil ...

eine Meinung erfragen/kritisieren

Ist das (wirklich) so wichtig?
Was hältst du von ...?
Was meint ihr dazu?

einen Einwand zurückweisen

Trotzdem finde ich, dass...
Ich finde es trotzdem gut/schlecht, weil ...
Dein Argument überzeugt mich nicht, weil ...

Überzeugung ausdrücken

Ich bin sicher, dass ...
Wenn ..., dann müsste man ...
Ich gehe vom Standpunkt aus, dass ...

sich gegen eine Unterbrechung wehren

Bitte lass mich ausreden.
Moment, ich bin noch nicht fertig.
Bitte unterbrich mich nicht.

7 Vom Feld auf den Teller

	erledigt	kontrolliert
Nebensätze mit *während*, *nachdem* und *bevor*		
Aufgabe 1, S. 79	☐	☐
Aufgabe 2, S. 80	☐	☐
Aufgabe 3, S. 81	☐	☐

Satzanalyse: Satzglieder		
Aufgabe 1, S. 82	☐	☐
Aufgabe 2, S. 83	☐	☐
Aufgabe 3, S. 83	☐	☐

Klimaerwärmung und CO_2		
Aufgabe 1, S. 84	☐	☐
Aufgabe 2, S. 85	☐	☐
Aufgabe 3, S. 85	☐	☐
Aufgabe 4, S. 85	☐	☐

	erledigt	kontrolliert
Die n-Deklination		
Aufgabe 1, S. 86	☐	☐
Aufgabe 2, S. 87	☐	☐
Aufgabe 3, S. 87	☐	☐
Aufgabe 4, S. 87	☐	☐

Wörter und Bedeutungen		
Aufgabe 1, S. 88	☐	☐
Aufgabe 2, S. 88	☐	☐

Pro und contra vegane Ernährung		
Aufgabe 1, S. 89	☐	☐
Aufgabe 2, S. 89	☐	☐
Aufgabe 3, S. 89	☐	☐

Das will ich lernen:

_____

_____

_____

_____

_____

_____

_____

_____

_____

_____

Nebensätze mit *während, nachdem* und *bevor*

1 Lies die Sätze in der Tabelle laut und ergänz die Regel.

1. während

Ich	kann		mit allen	sprechen,	während ich im Laden arbeite.
Während ich im Laden arbeite,	kann	ich	mit allen	sprechen.	

Zusammengesetzter Satz

Der Nebensatz mit *während* beschreibt eine Handlung, die gleichzeitig passiert. *Während* ist hier eine Konjunktion.

Während der Arbeit im Laden	kann	ich	mit allen	sprechen.

Einfacher Satz

Den Nebensatz kann man mit einem Präpositionalobjekt der Zeit ersetzen. *Während* ist hier eine Präposition (+ Dativ oder Genitiv).

> Das Präpositionalobjekt mit *während* kann man mit Dativ oder mit Genitiv bilden:
>
> *während den Arbeiten* oder *während der Arbeiten*

2. nachdem / nach

Ich	gehe		in den Laden	zurück,	nachdem ich die Ware kontrolliert habe.
Nachdem ich die Ware kontrolliert habe,	gehe	ich	in den Laden	zurück.

Zusammengesetzter Satz

Der Nebensatz mit *nachdem* beschreibt eine Handlung, die schon passiert und abgeschlossen ist. *Nachdem* ist eine Konjunktion.

Nach der Warenkontrolle	gehe	ich	in den Laden	zurück.

Einfacher Satz

Den Nebensatz kann man mit einem Präpositionalobjekt der Zeit ersetzen. *Nach* ist eine Präposition (+ Dativ).

3. bevor / vor

| Ich | verabschiede | | mich | von meinen Mitarbeitenden, | bevor ich den Supermarkt verlasse. |
| Bevor ich den Supermarkt verlasse, | verabschiede | ich | mich | von meinen Mitarbeitenden. | |

Zusammengesetzter Satz

Der Nebensatz mit *bevor* beschreibt eine Handlung, die noch nicht passiert ist. *Bevor* ist eine Konjunktion.

| Vor dem Verlassen des Supermarkts | verabschiede | ich | mich | von meinen Mitarbeitenden, |

Einfacher Satz

Den Nebensatz kann man mit einem Präpositionalobjekt der Zeit ersetzen. *Vor* ist eine Präposition (+ Dativ).

Die Regel heisst:

Ein Nebensatz mit _____ , _____ und _____ kann in ein Präpositionalobjekt der Zeit mit *während*, *nach* und *vor* umgewandelt werden.

---

2 **Lies den Text. Unterstreich die Hauptsätze rot und die Nebensätze blau.**

Ein Arbeitstag von Lenn

Ich mache eine Lehre als Detailhandelsfachmann in einem kleinen Supermarkt. Mein Arbeitstag beginnt in der Regel um 7 Uhr. Da ich in der Nähe wohne, kann ich mit dem Velo zur Arbeit fahren. Während ich auf dem Velo sitze, geniesse ich die Stille und atme die frische Morgenluft ein. Nachdem ich meine Arbeitskleidung angezogen habe, nehme ich die Brotlieferung entgegen. Danach hole ich das Gemüse und die Früchte, die über Nacht im Kühlraum gelagert werden, in den Laden. Bevor ich die Früchte und das Gemüse in die Regale einräume, muss ich sie kontrollieren. Verdorbenes muss ich aussortieren und welke Salatblätter entfernen. Der Laden öffnet um 8 Uhr, nachdem meine Chefin die Kasse eingerichtet hat. Während die ersten Kundinnen und Kunden eintreffen, fülle ich die Regale im ganzen Laden auf.

Nachdem um 11 Uhr zwei weitere Mitarbeitende eingetroffen sind, können meine Chefin und ich nacheinander in die Mittagspause gehen. Bevor ich weiterarbeite, setze ich mich noch ein paar Minuten auf die Bank vor unserem Supermarkt und geniesse die Sonne.

Am Nachmittag habe ich verschiedene Aufgaben. Ich arbeite an der Kasse, fülle die Regale auf oder mache Bestellungen. Bevor ich die Bestellungen erledige, schaue ich in den Regalen und in unserem Warenlager nach, welche Produkte wir noch haben und welche bald aufgebraucht sein werden. Während ich die Bestellungen in unserem Büro mache, höre ich immer Radio. Nachdem ich weitere administrative Arbeiten erledigt habe, gehe ich zurück ins Geschäft.

Um 16 Uhr ist mein Arbeitstag zu Ende. Bevor ich den Supermarkt verlasse, verabschiede ich mich von meinen Kolleginnen und Kollegen. Während ich nach Hause fahre, überlege ich mir schon, was ich am Abend noch alles machen könnte.

3

Wählt Teil A oder B und deckt den anderen Teil mit einem Blatt ab. Fragt und antwortet
abwechselnd mit den Redemitteln.

A

Was macht Giuseppe,
nachdem er aufgestanden ist?

... während er frühstückt?

... bevor er das Haus verlässt?

Nach dem Aufstehen ...	Während dem Frühstück ...	Vor dem Verlassen des Hauses ...
ins Badezimmer gehen		in den Spiegel schauen
_____	_____	_____
das Radio einschalten	mit seiner Frau sprechen	die Schuhe anziehen
_____	_____	_____
_____	an den Verkehr denken	die Türe schliessen
_____	_____	_____
die Kleider wählen	_____	_____
_____	die Zeitung lesen	_____
_____	_____	_____

Fragen	Antworten
Was macht **Giuseppe, nachdem er aufgestanden ist?**	Nach dem Aufstehen **geht** Giuseppe **ins Badezimmer.**

B

Was macht Giuseppe,
nachdem er aufgestanden ist?

... während er frühstückt?

... bevor er das Haus verlässt?

Nach dem Aufstehen ...	Während dem Frühstück ...	Vor dem Verlassen des Hauses ...
ins Badezimmer gehen	Musik hören	_____
_____	_____	_____
das Bett machen	mit seinen Kindern sprechen	die Kleidung kontrollieren
das Fenster öffnen	_____	_____
_____	immer auf die Uhr schauen	seine Arbeitsmappe kontrollieren
die Augen reiben	_____	allen Tschüss sagen
_____	_____	_____

Satzanalyse: Satzglieder

1 **Lies die Erklärungen genau und ergänz die Regel.**

1. Der Satzbau im einfachen Satz

Jeder vollständige einfache Satz besteht aus Verbteilen und Satzgliedern.

> Die Verbteile nennt man auch *Prädikat*.
> Die Satzglieder nennt man auch *Ergänzungen*.

Der Filialleiter		jeden Tag	die neue Ware.
Jeden Tag	kontrolliert	der Filialleiter	die neue Ware.
Die neue Ware		der Filialleiter	jeden Tag.

Der Filialleiter	muss	jeden Tag	die neue Ware	kontrollieren.
Jeden Tag	füllen	die Mitarbeitenden	die Regale	auf.

> Die Satzglieder können ihre Position verändern.

> Der konjugierte Verbteil steht immer in der zweiten Position. Der nicht konjugierte Verbteil steht am Ende des Satzes.

2. Das Satzbaumodell

Der konjugierte Verbteil ist das Zentrum des Satzes. Jedes Satzglied kann vor dem konjugierten Verbteil stehen. Alle anderen Satzglieder stehen im Mittelfeld.

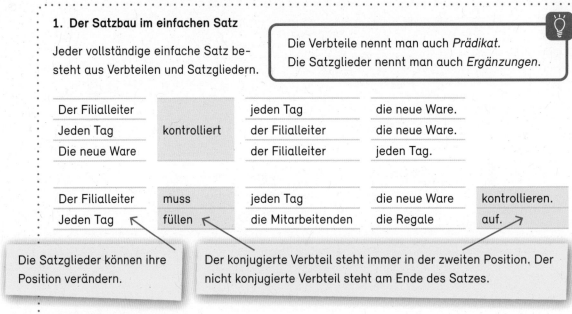

wer?/was? — muss — wen?/was? — warum? — wann? — wohin? — womit? — mit wem? — wie oft? — ... ? — kontrollieren

Die Satzglieder geben Antworten auf Fragen zum Prädikat.

wer?		was?	wie oft?	womit?	
Die Mitarbeitenden	müssen	die Regale	täglich	mit neuer Ware	auffüllen.

> Das ist das Mittelfeld.

Auch ein Nebensatz antwortet auf eine Frage zum Prädikat. Der Nebensatz mit *damit* antwortet auf die Frage *wozu*?.

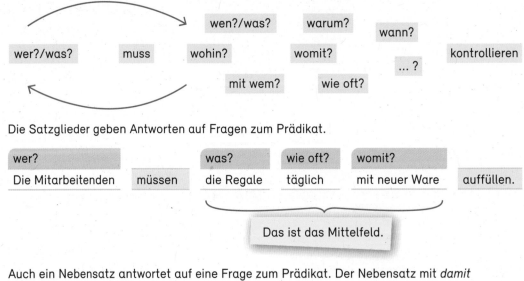

was?		womit?		wozu?
Die Regale	müssen	mit neuer Ware	gefüllt werden,	damit sich die Kunden bedienen können.

Der Nebensatz kann wie ein Satzglied auch vor dem konjugierten Verbteil stehen.

wozu?			was?	womit?	
Damit sich die Kunden bedienen können,	müssen		die Regale	mit neuer Ware	gefüllt werden.

Die Regel heisst:

1. Ein Satz besteht aus _____ und _____ .

2. Die Satzglieder geben Antworten _____ .

3. Jedes Satzglied kann _____ stehen.

4. Auch ein Nebensatz antwortet _____ .

5. Ein Nebensatz kann _____ stehen.

2 **Lies die Sätze und notier die Frage zu den Satzgliedern wie im Beispiel.**

wie oft? · wo? · wohin? · wer? · zu wem? · was? · mit wem? · womit? · wem?

1. Der Bauer   erntet   das Gemüse   jeden Tag   auf dem Feld.

   wer?   _erntet_   _was?_   _wie oft?_   _wo?_

2. Der Bauer   bringt   das Gemüse   täglich   zum Grosshändler.

   _____   _____   _____   _____   _____

3. Der Grosshändler   liefert   dem Supermarkt   die bestellte Ware   mit dem Lastwagen.

   _____   _____   _____   _____   _____

4. Der Filialleiter   kontrolliert   die angelieferte Ware   jeden Morgen   mit den Mitarbeitenden.

   _____   _____   _____   _____   _____

> In der ersten Position im Hauptsatz steht in der Regel die Information, die man betonen möchte.
>
> *Der Bauer* erntet das Gemüse jeden Tag auf dem Feld.
>
> *Jeden Tag* erntet der Bauer das Gemüse auf dem Feld.

3 **Schreib die Sätze aus Aufgabe 2 ab und stell die Satzglieder um wie im Beispiel.**

1. Jeden Tag erntet der Bauer das Gemüse auf dem Feld.
2.

Klimaerwärmung und CO$_2$

1 Arbeitet zu dritt. Wählt je einen der drei Texte. Lest eure Texte und klärt die Wörter. Lernt euren Text flüssig vorlesen.

Klimaerwärmung

Die Klimaerwärmung ist ein Phänomen, das seit wenigen Jahrzehnten beobachtet wird. Klimaerwärmung bedeutet, dass sich die Temperatur auf der ganzen Welt erhöht. Für viele Gegenden ist das ein grosses Problem.
An den Polarkreisen und auf den hohen Bergen schmilzt das Eis, das sich auf und in der Erde befindet. Das hat mehrere Folgen: Erstens gelangt immer mehr Wasser ins Meer und der Meeresspiegel steigt. Orte, die ganz nahe am Meer sind, werden überschwemmt. Zweitens löst sich die gefrorene Erde auf und es kommt zu Felsstürzen in den Bergen. Ganze Dörfer werden dadurch zerstört. Drittens lösen sich um den Polarkreis giftige Gase aus der Erde, die für die Natur und den Menschen schädlich sind.
Die Klimaerwärmung wird vor allem durch CO$_2$ und Feinpartikel in der Luft verursacht, die von der Verbrennung insbesondere von Benzin, Heizöl, Kohle und Holz stammen. Der Mensch ist somit für die Klimaerwärmung mitverantwortlich.

Luftverschmutzung

Die Luft ist heute stärker als früher mit CO$_2$ und Feinstaub verschmutzt, der vor allem von der Verbrennung von Benzin, Heizöl, Kohle und Holz stammt. CO$_2$ ist die Abkürzung für Kohlenstoffdioxid. Das ist ein Gas, das bei einer Verbrennung entsteht, beispielsweise wenn der Motor eines Autos Benzin verbrennt oder wenn man ein Haus mit Heizöl wärmt. Neben CO$_2$ gerät bei einer Verbrennung auch Feinstaub in die Luft.
Kleine Mengen an CO$_2$ sind eigentlich kein Problem, weil die Pflanzen das CO$_2$ aufnehmen und in Sauerstoff umwandeln können. Zum Atmen brauchen Menschen und Tiere Sauerstoff, während die Pflanzen CO$_2$ brauchen. Wenn es aber zu viel CO$_2$ in der Luft hat, kommen die Pflanzen nicht mehr nach mit der Umwandlung von CO$_2$ in Sauerstoff.
Auch kleine Mengen an Feinstaub sind kein Problem, denn der Regen kann diesen Staub wieder aus der Luft «waschen». Wird dieser Feinstaub aber vom Wind über die Regenwolken getrieben, kann der Regen ihn nicht auswaschen und es bildet sich eine stabile Staubschicht.

Treibhauseffekt

Dank der Sonnenstrahlen können wir auf der Erde leben.
Die Sonnenstrahlen gelangen auf die Erde und erwärmen
die Luft. Ein Teil der Sonnenstrahlen wird aber von der
Erde reflektiert und zurück in den Weltraum geschickt.
Das funktioniert gut, solange die Luft nicht verschmutzt
ist. Bei zu grossen Mengen CO_2 und zu viel Feinstaub in
der Luft kann ein Teil der reflektierten Sonnenstrahlen
nicht ins Weltall zurückgelangen. Die Strahlen werden
von der verschmutzten Luft wieder auf die Erde zurück-
geschickt, was die Luft zusätzlich erwärmt. Die verschmutzte Luft wirkt ähnlich wie eine Glasscheibe. Die
Sonnenstrahlen können zwar von aussen durchscheinen
und die Erde aufwärmen. Die verschmutzte Luft reflektiert die Sonnenstrahlen, wie die Glasscheiben in einem
Treibhaus. Deshalb spricht man bei der Klimaerwärmung
auch vom «Treibhauseffekt».

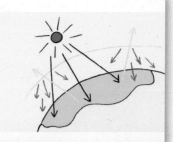

2 Lest euch die Texte der Reihe nach laut vor. Stellt nach jedem Text Fragen, damit ihr die Inhalte
genau versteht. Benützt dazu auch die Redemittel.

> **Nachfragen**
>
> Was bedeutet ... genau?
> Kannst du mir genauer erklären, was ... bedeutet?
> Ich habe das Bild / den ersten Satz / den Text nicht verstanden. Kannst du das erklären?
> Wenn ich das richtig verstanden habe, dann ... Stimmt das?

3 Der Transport von Lebensmitteln hat verschiedene Vor- und Nachteile. Erstellt eine Liste mit
Vor- und Nachteilen.

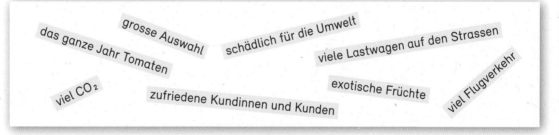

das ganze Jahr Tomaten   grosse Auswahl   schädlich für die Umwelt   viele Lastwagen auf den Strassen   viel CO_2 zufriedene Kundinnen und Kunden   exotische Früchte   viel Flugverkehr

4 Kommentiert eure Listen aus Aufgabe 3 wie im Beispiel.

> Dank des Transports von Früchten und
> Gemüsen gibt es das ganze Jahr Tomaten.

> Das ist ein Vorteil für die
> Konsumentinnen und Konsumenten.

> Wegen des Transports von Tomaten im Winter
> gibt es viele Lastwagen auf der Strasse.

> Das ist ein Nachteil
> vor allem für die Umwelt.

Die n-Deklination

1 **Lies die Erklärungen genau und ergänz die Regel.**

1. Regelmässige Deklination

Die regelmässige Deklination von maskulinen Nomen hat folgende Formen:

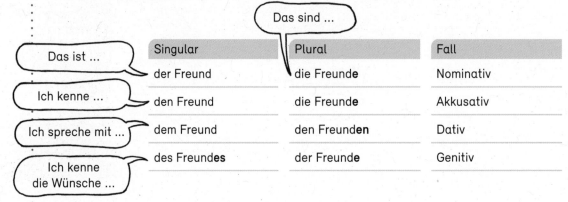

	Singular	Plural	Fall
Das ist ...	der Freund	die Freund**e**	Nominativ
Ich kenne ...	den Freund	die Freund**e**	Akkusativ
Ich spreche mit ...	dem Freund	den Freund**en**	Dativ
Ich kenne die Wünsche ...	des Freund**es**	der Freund**e**	Genitiv

Das sind ...

2. n-Deklination

Die n-Deklination gibt es nur bei einigen maskulinen Nomen. Sie haben immer die Endung *-n* oder *-en*, ausser im Nominativ Singular. Diese Deklination heisst deshalb *n-Deklination*.

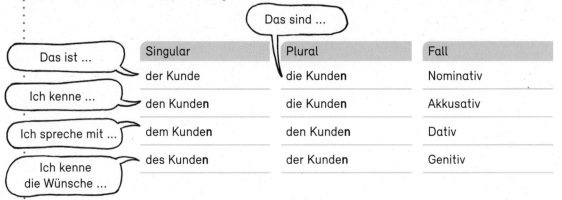

	Singular	Plural	Fall
Das ist ...	der Kunde	die Kund**en**	Nominativ
Ich kenne ...	den Kund**en**	die Kund**en**	Akkusativ
Ich spreche mit ...	dem Kund**en**	den Kund**en**	Dativ
Ich kenne die Wünsche ...	des Kund**en**	der Kund**en**	Genitiv

Das sind ...

Zur n-Deklination gehören folgende maskuline Nomen:

1. Alle maskulinen Nomen, die auf *-e* enden:
   - Personenbezeichnungen auf *-e*: der Experte, der Kunde, der Kollege, der Junge, der Mitarbeitende usw. (z.B. *die Meinung des Experten*),
   - Landesbewohner auf *-e*: der Franzose, der Brite, der Chinese, der Türke usw. (z.B. *die Familie des Franzosen*),
   - Tiere auf *-e*: der Affe, der Hase, der Löwe, der Rabe usw. (z.B. *die Mähne des Löwen*).

2. Alle maskulinen Personenbezeichnungen mit den Nachmorphemen *-ant, -ent, -ist, -oge*:
   - der Lieferant, der Fabrikant, der Immigrant, der Passant usw. (z.B. *der Lastwagen des Lieferanten*),
   - der Konsument, der Produzent, der Student, der Präsident usw. (z.B. *die Wünsche des Konsumenten*),
   - der Spezialist, der Detaillist, der Polizist, der Journalist usw. (z.B. *die Fragen des Journalisten*),
   - der Psychologe, der Pädagoge, der Biologe, der Astrologe usw. (z.B. *die Meinung des Psychologen*).

3. Wenige Ausnahmen:

– der Bauer, der Mensch, der Nachbar, der Herr, der Fotograf, der Kamerad, der Bär usw. (z.B. *der Hof des Bauern, die Intelligenz des Menschen, die Wohnung des Nachbarn*).

> **Die Regel heisst:**
>
> Die Formen der n-Deklination haben in allen Fällen die Endung _____ oder _____ ,
>
> ausser im _____ .

---

2 **Lies den Text. Markier alle Wörter, die zur n-Deklination gehören.**

Es braucht viele Schritte, damit frische Lebensmittel vom Kunden im Laden gekauft werden können. Zuerst müssen die Lebensmittel von einem Produzenten hergestellt werden. Zum Beispiel werden von einem Bauern Gemüse angebaut oder Tiere gezüchtet. Wenn ein Bauer ein neues Lebensmittel produzieren möchte, muss er manchmal einen Spezialisten um Rat fragen. Das ist ein Experte, der sich in einem Bereich sehr gut auskennt. Einige Bauern verkaufen beispielsweise ihre Kartoffeln an eine Fabrik weiter. Dort werden die Kartoffeln von den Fabrikanten zu anderen Produkten, beispielsweise zu Chips, verarbeitet. Die Chips werden von einem Lieferanten zu einem Grosshändler gebracht. Andere Bauern verkaufen ihre Kartoffeln frisch einem Grosshändler. Dieser verkauft die Produkte den Detaillisten weiter. Im Detailhandel findet der Konsument schliesslich sowohl frische als auch verarbeitete Lebensmittel in den Regalen.

3 **Lies den Text von Aufgabe 2 mehrmals laut und beton die Endungen der markierten Wörter.**

4 **Lies die Wörter in der Tabelle. Bilde vier sinnvolle Sätze und vier Nonsens-Sätze.**

der Polizist	beisst		der Brite
der Bauer	fragt		der Hase
der Fabrikant	füttert	+ Akkusativ	der Junge
der Herr	kennt		der Kunde
der Bär	hilft		der Nachbar
der Professor	antwortet		der Löwe
der Russe	gratuliert	+ Dativ	der Spezialist
der Affe	dankt		der Student

_____

_____

_____

_____

_____

_____

_____

_____

_____

_____

7

Wörter und Bedeutungen

1 **Lies und klär die Wörter.**

1. Ein Wort kann verschiedene Bedeutungen haben.

Wenn man das Wort *Gericht* im Wörterbuch sucht, findet man verschiedene Bedeutungen.

> **Gericht**¹ *das; -(e)s, -e* **1** meist *Sg;* eine öffentliche Einrichtung, bei der oft ein Richter darüber entscheidet, ob j-d gegen ein Gesetz verstossen hat und welche Strafe es dafür gibt **2** *nur Sg:* die Richter, die das Urteil in einem Prozess sprechen **3** das Gebäude, in dem das Gericht (1) urteilt **Gericht**² *das; -(e)s, -e;* ein warmes Essen

Das Wort *Gericht* kann also zwei ganz unterschiedliche Bedeutungen haben:

das Gericht

Ein Wort mit mehreren Bedeutungen kann man nur richtig verstehen, wenn man das Thema eines Textes oder Gesprächs kennt. Dann kann man entscheiden, welche Bedeutung passt.

2. Verschiedene Wörter können die gleiche Bedeutung haben.

Es gibt verschiedene Wörter, die das Gleiche bedeuten. Das sind sogenannte Synonyme.

das Menü ← → das Essen
die Speise ← → das Gericht

Wenn in einem Text oft das gleiche Wort vorkommt, wirkt er langweilig. Um einen Text interessanter zu machen, kann man verschiedene Wörter für die gleiche Bedeutung verwenden.

2 **Lies und klär die Wörter. Verbinde die Ausdrücke, die das Gleiche bedeuten.**

lecker ⬚	⬚ produzieren / machen / anbauen
vielfältig ⬚	⬚ hochwertig
zubereiten ⬚	⬚ essen / verbrauchen
aromatisch ⬚	⬚ kochen / vorbereiten
aufbewahren ⬚	⬚ köstlich / fein
konsumieren ⬚	⬚ lagern / deponieren
herstellen ⬚	⬚ würzig
erstklassig ⬚	⬚ abwechslungsreich

Pro und contra vegane Ernährung

1 Lies den Titel und schau die Bilder an. Was spricht für (= pro) eine vegane Ernährung? Was spricht dagegen (= contra)? Notier Argumente für beide Seiten in eine Liste.

vegane Lebensmittel

nicht vegane Lebensmittel

pro vegane Ernährung	contra vegane Ernährung

2 Lest eure Argumente für und gegen eine vegane Ernährung vor und ergänzt eure Listen. Sucht weitere Argumente im Internet und ergänzt eure Listen.

3 Schreib eine Stellungnahme zum Thema «vegane Ernährung». Benütz Argumente aus deiner Liste von Aufgabe 1. Formulier im letzten Abschnitt deine eigene Meinung. Benütz auch die Textstruktur und die Formulierungen im Themenbuch auf Seite 87.

8 Der Weg in die Berufswelt

	erledigt	kontrolliert
Auf dem Weg zur Lehrstelle		
Aufgabe 1, S. 91	☐	☐
Verben mit festen Verbindungen 3		
Aufgabe 1, S. 92	☐	☐
Aufgabe 2, S. 92	☐	☐
Verben im Futur I und Futur II		
Aufgabe 1, S. 93	☐	☐
Aufgabe 2, S. 93	☐	☐
Aufgabe 3, S. 94	☐	☐
Zeitenfolge		
Aufgabe 1, S. 95	☐	☐
Aufgabe 2, S. 95	☐	☐
Aufgabe 3, S. 95	☐	☐
Aufgabe 4, S. 96	☐	☐
Aufgabe 5, S. 97	☐	☐
Aufgabe 6, S. 97	☐	☐
Aufgabe 7, S. 97	☐	☐

	erledigt	kontrolliert
Satzanalyse: Vertiefung		
Aufgabe 1, S. 98	☐	☐
Aufgabe 2, S. 98	☐	☐
Aufgabe 3, S. 98	☐	☐
Passt das?		
Aufgabe 1, S. 99	☐	☐
Aufgabe 2, S. 99	☐	☐
Mein Bewerbungsbrief für eine Lehrstelle		
Aufgabe 1, S. 100	☐	☐
Aufgabe 2, S. 100	☐	☐
Aufgabe 3, S. 100	☐	☐
Aufgabe 4, S. 100	☐	☐
Meine Rechte und Pflichten in der Lehre		
Aufgabe 1, S. 101	☐	☐
Aufgabe 2, S. 101	☐	☐
Aufgabe 3, S. 101	☐	☐
Aufgabe 4, S. 101	☐	☐

Das will ich lernen:

_____

_____

_____

_____

_____

_____

_____

_____

Auf dem Weg zur Lehrstelle

1 Herr Ludwig hat drei Bewerbende (A, B, C) zu einer Schnupperlehre als Coiffeur oder Coiffeuse eingeladen. Nach der Schnupperlehre hat er seine Eindrücke von den Bewerbenden in einer Tabelle notiert. Die beste Leistung ist 3 Punkte, die schwächste 1 Punkt. Lest die Tabelle und diskutiert zu zweit, wen ihr zu einem Bewerbungsgespräch einladen würdet und warum.

	A	B	C
Motivation • interessiert sich für den Umgang mit Kundinnen und Kunden • hat ein Bewusstsein für Schönheit und Mode • hat Freude an den verschiedenen Arbeiten	3	2	3
Persönlichkeit/Dienstleistungsbewusstsein • hat gute Umgangsformen und tritt freundlich auf • kann im Beratungsgespräch klar kommunizieren • ist zuverlässig • kann sich in Kundinnen und Kunden hineinfühlen	2	2	3
Praktische Fähigkeiten • ist manuell geschickt • arbeitet sorgfältig • hat ein Auge für Formen und Schönheit • macht gute Haarschnitte an den Puppen	2	3	2
Teamfähigkeit • kann sich in andere hineinversetzen (Einfühlungsvermögen) • kann den Teammitgliedern zuhören • kann mit Kritik gut umgehen	1	2	3
Allgemeinwissen für den Umgang mit Kundinnen und Kunden • weiss, was momentan in den Medien thematisiert wird • kann auf die Themen der Kunden eingehen	2	3	2
Schnupperbericht • kann einen verständlichen Bericht verfassen • kann gut beobachten	1	3	2

Ich würde A zu einem Bewerbungsgespräch einladen, weil …

A hat meiner Meinung nach einen schlechten Eindruck hinterlassen, weil …

8

Verben mit festen Verbindungen 3

1 **Lies die Erklärung und die Beispielsätze.**

Viele Verben bilden eine feste Verbindung mit einer Präposition. Es gibt Verbindungen, die einen Akkusativ verlangen, und Verbindungen, die einen Dativ verlangen.

Verbindungen mit Akkusativ

achten auf:	Ich achte auf einen gepflegten Kleidungsstil.
ankommen auf:	Es kommt auf den ersten Eindruck an.
sich bemühen um:	Ich bemühe mich um einen Job.
sich bewerben um/für:	Ich bewerbe mich um/für den Job.
eingehen auf:	Ich gehe auf den Kunden ein.
sich entscheiden für:	Ich entscheide mich für einen Handwerkerberuf.
sich entscheiden gegen:	Ich entscheide mich gegen einen Büroberuf.
sich unterhalten über:	Wir unterhalten uns über den Lehrvertrag.
zuständig sein für:	Ich bin zuständig für den Arbeitsplatz.

Verbindungen mit Dativ

sich bewerben bei:	Ich bewerbe mich bei einer grossen Firma.
einladen zu:	Die Firma lädt mich zu einem Gespräch ein.
sich erkundigen nach:	Ich erkundige mich nach den Arbeitsbedingungen.
fragen nach:	Die Chefin hat nach meinen Zukunftsplänen gefragt.
gratulieren zu:	Der Chef gratuliert mir zur bestandenen Prüfung.
kommen zu:	Es kommt manchmal zu einer Überraschung.

2 **Lies den Text und füg die passenden Präpositionen ein. Benütz dazu die Verbindungen in Aufgabe 1. Lern den Text nach der Korrektur fliessend vorlesen.**

Bewerbungsverfahren bei Frau Souza

In unserem Betrieb bin ich für die Lernenden zuständig. Wenn sich also Jugendliche bei unserem

Betrieb _____ eine Lehrstelle bewerben, dann kommen die Bewerbungsdossiers zu mir.

Mit meiner Kollegin schaue ich dann zuerst einmal die Bewerbungsbriefe durch. Dazu gehört auch

ein Blick auf die Zeugnisse, denn es kommt natürlich auch _____ die Noten an. Aus allen

Bewerberinnen und Bewerbern laden wir dann diejenigen _____ einem Gespräch ein, die

am meisten unseren Vorstellungen entsprechen. Im Bewerbungsgespräch unterhalten wir uns

_____ seine bzw. ihre Motivation für den Beruf. Aber natürlich erkundige ich mich auch

_____ der Familie und frage _____ den Hobbys. In einem zweiten Teil des

Gesprächs gehe ich dann _____ die Fragen des Bewerbers bzw. der Bewerberin ein. Im

Bewerbungsgespräch zeigt sich schnell, wie sehr sich jemand _____ eine Stelle bemüht.

Unsere Favoritin oder unseren Favoriten laden wir _____ einer Schnupperwoche ein. Dort

achten wir in erster Linie _____ das Verhalten der bzw. des Jugendlichen. Wenn alles gut

läuft, rufe ich die Jugendlichen an, um ihnen unsere Entscheidung mitzuteilen. Dann gratuliere ich

gleich am Telefon _____ ihrem bzw. seinem Erfolg.

Verben im Futur I und Futur II

1 Milan stellt sich seine Zukunft vor. Lies den Text. Markier blau, was in der Zukunft liegt und dann gerade passiert. Markier gelb, was in der Zukunft liegt, aber dann schon abgeschlossen ist.

Im Oktober in zwei Jahren werde ich die Sek beendet haben und schon mitten im ersten Lehrjahr sein. Davor werde ich bestimmt viele Bewerbungen geschrieben und vermutlich auch einige Absagen bekommen haben. Mit der Sekundarklasse werde ich ein schönes Abschlusslager erlebt haben. Ich werde mich von den Lehrerinnen und Lehrern verabschiedet haben und zum letzten Mal in die langen Sommerferien gefahren sein. Es wird mir wahrscheinlich seltsam vorkommen, dass ich meine Kolleginnen und Kollegen aus der Sek nicht mehr täglich sehe. Der Abschied wird mir nicht so leichtgefallen sein. Ich werde mich auch bestimmt noch daran gewöhnen, jeden Tag acht Stunden zu arbeiten. Ich hoffe auch, dass ich im ersten Lehrjahr neue Freunde finden werde.

2 Schreib die Verbformen in die Tabelle wie in den Beispielen.

Paradigma	in der Zukunft aktuell (Futur I)	in der Zukunft schon abgeschlossen (Futur II)
1. beenden, beendet, beendete hat … beendet	ich werde beenden	ich werde beendet haben
2. sein, ist, war, ist … gewesen	ich werde sein	ich werde gewesen sein
3. schreiben,		
4. bekommen,		
5. fahren,		
6. sehen,		

Wenn wir im Alltag etwas erzählen, benützen wir Futur I und Futur II sehr selten. Meistens ist aus dem Kontext klar, dass wir von einer Handlung sprechen, die in der Zukunft liegt. Deshalb werden in der gesprochenen Sprache oft Präsens statt Futur I und Perfekt statt Futur II benützt:

«Ich entscheide mich Ende Jahr für einen Beruf. Bis dann habe ich schon in mehreren Berufen geschnuppert.» (mündliche Sprache)

«Ich werde mich Ende Jahr für einen Beruf entscheiden. Bis dann werde ich schon in mehreren Berufen geschnuppert haben.» (schriftliche Sprache)

3 Lies die Tabellen und die Sprechblasen. Ergänz die Regeln.

Einfacher Aussagesatz im Futur I

Ich	werde	dieses Jahr	eine Schnupperlehre	machen.
Dieses Jahr	werde	ich	eine Schnupperlehre	machen.

Einfacher Fragesatz im Futur I

Wo	wirst	du	heute in zwei Jahren	sein?
	Wirst	du	in der Lehre	sein?

> **Die Regel heisst:**
>
> Das Hilfsverb *werden* ist konjugiert.
>
> Das konjugierte Verb steht im einfachen Satz immer auf der _____ .
>
> Das Verb im Infinitiv steht im einfachen Satz immer auf der _____ .

Was wirst du heute in zwei Jahren erreicht haben? Was denkst du?

Heute in zwei Jahren werde ich wahrscheinlich die Schule abgeschlossen und eine Lehre begonnen haben. Aber das ist noch so weit weg!

Einfacher Aussagesatz im Futur II

Ich	werde	in zwei Jahren	eine Lehre	begonnen haben.
In zwei Jahren	werde	ich	eine Lehre	begonnen haben.

Einfacher Fragesatz im Futur II

Wann	wirst	du	eine Lehre	begonnen haben?
	Wirst	du	eine Lehre	begonnen haben?

Das ist das Hilfsverb *werden*. Es zeigt, dass etwas in der Zukunft liegt.

Das ist das Partizip II. Es zeigt, dass etwas abgeschlossen ist.

> **Die Regel heisst:**
>
> Das Hilfsverb *werden* ist konjugiert.
>
> Das Partizip II mit dem Hilfsverb im Infinitiv steht im einfachen Satz immer auf der
>
> _____ .

Das Futur II kann man für eine abgeschlossene Handlung benützen, die in der Zukunft liegt. Ein Satz mit Futur II hat den Charakter einer Vermutung oder einer Voraussage. Wir verwenden diese Zeitform nur sehr selten.

Zeitenfolge

1 **Lies die Sätze. Notier, welche der beiden Handlungen jetzt passiert und welche vorher passiert ist.**

1. Ich habe in der Schule gelernt, wie man einen Text schreibt.   vorher

   Deshalb schreibe ich jetzt gerne Texte.   jetzt

2. Ich teile jeden Text in Abschnitte ein.   _____

   Das hat mir meine Lehrerin empfohlen.   _____

3. Ausserdem überlege ich immer zuerst, was in welchem Abschnitt kommt.   _____

   Früher habe ich einfach drauflosgeschrieben.   _____

4. Meine Texte habe ich nie durchgelesen.   _____

   Das mache ich nicht mehr so.   _____

5. Diese Schreibtechniken haben mir beim Bewerbungsschreiben geholfen.   _____

   Jetzt bin ich auf die Antwort auf meine Bewerbung gespannt.   _____

2 **Lies die Sätze. Notier, welche der beiden Handlungen später passiert und welche vorher passiert ist.**

1. Ende Jahr werde ich mich für einen Beruf entscheiden.   _____

   Bis dann werde ich schon in mehreren Berufen geschnuppert haben.   _____

2. Nach den Frühlingsferien werde ich an Vorstellungsgespräche gehen.   _____

   Auf die Gespräche werde ich mich gut vorbereitet haben.   _____

3. Am 1. September werde ich eine Lehre beginnen.   _____

   Dann werde ich die Schule abgeschlossen haben.   _____

4. Ende September werde ich meinen ersten Lohn bekommen.   _____

   Dann werde ich schon einen Monat gearbeitet haben.   _____

5. Ende Dezember werde ich einen neuen Computer kaufen.   _____

   Dann werde ich genug Geld gespart haben.   _____

3 **Lies die Sätze in Aufgabe 1 und 2 nochmals laut. Zeig bei jedem Satz mit dem Finger auf der Zeitachse, wann was passiert.**

Das ist vorher bereits passiert.

Das passiert in der **Gegenwart** (jetzt) oder in der **Zukunft** (später).

4 **Lies die Sätze und Erklärungen genau. Ergänz die Regel.**

Eine Handlung kann in der Vergangenheit, in der Gegenwart oder in der Zukunft geschehen. Je nach Handlungszeit verwendet man verschiedene Zeitformen, um eine andere Handlung zu beschreiben, die vorher passiert ist.

1. **Handlung in der Vergangenheit**

Hauptzeit der Handlung

vorher passiert

Präteritum/Perfekt

Plusquamperfekt

Ich ging im August ins Berufsvorbereitungsjahr.

Ich hatte bis Mai keine Lehrstelle gefunden.

Ich ging im August ins Berufsvorbereitungsjahr, weil ich bis Mai keine Lehrstelle gefunden hatte.

2. **Handlung in der Gegenwart**

Hauptzeit der Handlung

vorher passiert

Präsens

Perfekt

Ich gehe ins Berufsvorbereitungsjahr.

Ich habe keine Lehrstelle gefunden.

Ich gehe ins Berufsvorbereitungsjahr, weil ich keine Lehrstelle gefunden habe.

3. **Handlung in der Zukunft**

Hauptzeit der Handlung

vorher passiert

Futur I/Präsens

Futur II

Ich werde mich Ende Jahr für einen Beruf entscheiden.

Bis dann werde ich schon in mehreren Berufen geschnuppert haben.

Ich werde mich Ende Jahr für einen Beruf entscheiden, weil ich bis dann schon in mehreren Berufen geschnuppert haben werde.

Die Regel heisst:

1. Eine Handlung in der Vergangenheit erzählt man in der Regel im _____

   oder im _____ .

   Wenn etwas anderes vorher passiert ist, benützt man _____ .

2. Eine Handlung in der Gegenwart erzählt man in der Regel im _____ .

   Wenn etwas anderes vorher passiert ist, benützt man _____ .

3. Eine Handlung in der Zukunft erzählt man in der Regel im _____

   oder im _____ .

   Wenn etwas anderes vorher passiert ist, aber auch in der Zukunft liegt,

   benützt man _____ .

5 Ergänz die Sätze, sodass sie logisch sind. Lies die korrigierten Sätze mehrmals laut.

1. Ich bekomme die Lehrstelle, weil ich in der Schnupperlehre gut *gearbeitet habe* (arbeiten).

2. Jetzt darf ich im Betrieb schon vieles alleine machen, weil ich in den ersten Monaten gut
_____ (aufpassen).

3. In meiner Lehre verdiene ich momentan 570 Franken pro Monat, aber in der Sekundarschule
_____ ich nichts _____ (verdienen).

4. Ich werde mir einen neuen Pullover kaufen, sobald ich meinen ersten Monatslohn
_____ _____ (bekommen).

6 Ergänz die Verben im Plusquamperfekt und lies die korrigierten Sätze mehrmals laut.

1. Nachdem ich meinen ersten Monatslohn _____ _____ (bekommen),
kaufte ich einen neuen Computer.

2. Nachdem ich das Velo _____ _____ (kaufen), konnte ich mit dem
Velo zur Arbeit fahren.

3. Nachdem ich meinen zweiten Lohn _____ _____ (bekommen), kaufte
ich mir ein Smartphone.

4. Nachdem ich das Smartphone _____ _____ (kaufen), konnte ich
mit meinen Freunden chatten.

7 Lies den Text von Carmen über ihre Arbeit im Hotel. Unterstreich die Hauptsätze im Präteritum
rot, die Nebensätze im Plusquamperfekt blau.

Ich erinnere mich noch gut an meine Zeit als Lernende. Nachdem ich die Sekundarschule abschlos-
sen hatte, begann ich eine Lehre als Hotellerieangestellte am Flughafen.

Mein Arbeitstag begann immer gleich. Um 6.30 Uhr war ich zusammen mit meinen Kolleginnen im
Frühstücksraum, nachdem ich die Arbeitskleidung angezogen und die Hände gewaschen hatte.
Zuerst mussten wir den Frühstücksraum für die Gäste bereit machen. Das Frühstücksbuffet
durften wir aber erst aufbauen, nachdem wir den Raum gereinigt hatten. Diese Arbeit gefiel mir
gar nicht, aber sie war halt wichtig. Während des Frühstücks räumten wir das Geschirr weg,
sobald die Gäste fertig gegessen hatten. Nachdem das Frühstück beendet war, durften wir die
erste Pause machen.

Satzanalyse: Vertiefung

1 **Unterstreich die Hauptsätze rot und die Nebensätze blau.**

1. Paul hatte sich im Berufsbildungszentrum informiert, bevor er sich für vier Berufe entschied.

2. Nachdem Paul in vier Berufen geschnuppert hatte, bewarb er sich für eine Lehrstelle als Grafiker.

3. Paul bewarb sich danach als Maler, weil er für eine Lehrstelle als Grafiker keine einzige Zusage bekommen hatte.

4. Als Paul die erste Zusage für eine Lehrstelle als Maler bekam, freute er sich sehr.

5. Um den Beruf als Maler besser kennen zu lernen, wollte Paul in den Frühlingsferien in einem Malergeschäft arbeiten.

6. Damit er auch gleich seinen Lehrbetrieb kennen lernen konnte, fragte er den Lehrmeister, ob er in den Frühlingsferien eine Woche als Hilfskraft arbeiten könne.

2 **Analysier nur die Hauptsätze wie im Beispiel. Unterstreich die Satzglieder im Hauptsatz und notier die passenden Fragewörter zu diesen Satzgliedern.**

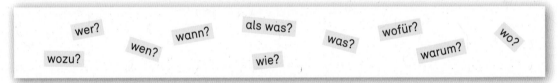

wer? wen? wann? als was? was? wofür? wo? wozu? wie? warum?

1. Paul hatte sich im Berufsbildungszentrum informiert, bevor er sich für vier Berufe entschied.
   wer?   wo?

2. Nachdem Paul in vier Berufen geschnuppert hatte, bewarb er sich für eine Grafiker-Lehrstelle.

3. Paul bewarb sich danach für den Maurerberuf, weil er für eine Lehrstelle als Grafiker keine einzige Zusage bekommen hatte.

4. Als Paul die erste Zusage für eine Maler-Lehrstelle bekam, freute er sich sehr.

5. Um den Beruf als Maler besser kennen zu lernen, wollte Paul in den Frühlingsferien in einem Malergeschäft arbeiten.

6. Damit er auch gleich seinen Lehrbetrieb kennen lernen konnte, fragte er den Lehrmeister, ob er in den Frühlingsferien eine Woche als Hilfskraft arbeiten könne.

3 **Auch ein Nebensatz kann auf eine Frage antworten, so wie ein Satzglied. Lies die Sätze in Aufgabe 2 nochmals. Notier die passende Frage unter die Nebensätze in Aufgabe 2.**

wann? was? warum? wozu?

Passt das?

1 Lies das Bewerbungsschreiben von Kevin Lässig. Markier die Formulierungen, die in einem Bewerbungsbrief nicht vorkommen sollten.

Kevin Lässig, Sprechstrasse 100, 8472 Seuzach

Bahnhof Apotheke
Bahnhofplatz 2
8472 Seuzach

2. Juni 2022

Bewerbung um eine Lehrstelle als Medizinischer Praxisassistent

Hallo miteinander

Letzten Monat war ich bei Ihnen als Medizinischer Praxisassistent zum Schnuppern. Ich fand es so cool, dass ich jetzt unbedingt bei Ihnen meine Lehre machen möchte.

Ich besuche zurzeit die 3. Sek. in Seuzach. Meine Lieblingsfächer sind Mathi, Bio und Handsgi. In der Freizeit höre ich gerne Musik. Ich treffe auch gerne meine Freundinnen und Freunde und chille mit ihnen.

Der Beruf des Medizinischen Praxisassistenten gefällt mir sehr, weil man viel Kontakt zu Menschen hat und weil ich Medizinisches und Gesundheit megaspannend finde. Während der Schnupperlehre hatte ich die Möglichkeit, schon viel vom Alltag in der Praxis auszuchecken. Ich durfte Medis versorgen, kranke Leute empfangen und mir wurde gezeigt, wie man im Compi Termine reinmacht. Ich habe gesehen, wie man Blut abnimmt, und ich durfte beim Röntgen und bei Blutdruckmessungen zukucken. Cool fand ich auch die Jobs im Labor.
Ich denke, dass ich für diesen Beruf supergut geeignet bin, weil ich easy bin und ich verschiedene Sprachen spreche. Ich habe auch ein gutes feeling für Menschen. Ausserdem bin ich supergut organisiert, zuverlässig und ich checke schnell, was zu tun ist. Ich bin auch überzeugt, dass ich gut ins Team passe.

Eine Ausbildung in Ihrer Praxis zu machen, wäre eine grosse Challenge für mich. Ich könnte mir kaum einen cooleren Ort für meine Ausbildung vorstellen, weil ich denke, dass Sie mir eine Ausbildung bieten, in der ich mich als Lernender und als Typ weiterentwickeln kann.

Ich möchte mich ganz fest für Ihre Bemühungen bedanken und überzeuge Sie gerne in einem persönlichen Gespräch von meinen Stärken.

LG

K. Lässig
KL

Lebenslauf drin

2 Lest den Text und vergleicht die markierten Stellen. Begründet, warum ihr die Stelle markiert habt. Sagt auch, welche Formulierungen besser passen würden.

Mein Bewerbungsbrief für eine Lehrstelle

1 Entscheide dich für einen Beruf, für den du dich gerne bewerben möchtest. Informier dich im Internet über die Anforderungen und Tätigkeiten in diesem Beruf.

2 Lies nochmals die Formulierungen, die du in den Briefen im Themenbuch auf den Seiten 98–99 markiert hast.

3 Lies die Textbausteine in der Tabelle und markier Formulierungen, die du in deinem Bewerbungsbrief verwenden kannst. Schreib danach deinen Bewerbungsbrief.

Titel und Anrede	Bewerbung um eine Lehrstelle als ... Sehr geehrte Damen und Herren Sehr geehrte Frau Z Sehr geehrter Herr X
Einleitung	Die Lehre als ... zu machen, ist mein grösster Wunsch. Während der Schnupperlehre bei Ihnen ... Die Schnupperlehre hat mir sehr gut gefallen. Ich würde sehr gerne bei Ihnen ...
Informationen zu meiner Person	Zurzeit besuche ich... Ich lebe erst seit ... in der Schweiz und ... Zuvor habe ich mit meiner Familie in ... gelebt.
Motivation für den Beruf	Dieser Beruf gefällt mir, weil ... Ich möchte den Beruf ... erlernen, weil ... Die Arbeit mit/in ... würde mir viel Freude bereiten. Während der Schnupperlehre hat mir besonders gefallen, dass/wie ...
meine Stärken	Ich denke, dass dieser Beruf gut zu mir passt, weil ich ... Ich bin überzeugt, dass ich alles mitbringe, was es für diesen Beruf braucht. Ich denke, dass ich eine gute Verstärkung für Ihr Team wäre. Ich kann gut ... Ich bin ...
Schluss und Grüsse	Ich hoffe sehr, Sie überzeugt zu haben, dass ich ... Ich würde mich freuen, bei Ihnen den Beruf ... zu erlernen. Gerne überzeuge ich Sie in einem persönlichen Gespräch von ... Herzlichen Dank für Ihre Zeit und Mühe. Ich möchte mich ganz herzlich für Ihre Bemühungen bedanken. Freundliche Grüsse

4 Lass den Bewerbungsbrief von deiner Lehrperson korrigieren.

Meine Rechte und Pflichten in der Lehre

1   Lies den Vortragstext von Raoul und klär die Wörter.

> ☐ Ich habe mich über das Thema «Absenzen in der Lehre» informiert.
>
> Die wichtigste Information ist, dass Absenzen in der Lehre immer begründet werden müssen. Als Gründe für Absenzen ohne Lohnabzug gelten: Krankheit, Unfall, Militärdienst, Aufgebote von Behörden und zum Teil Ereignisse in der Familie.
> Bei Krankheit oder Unfall genügt für die ersten Tage eine Entschuldigung. Wenn die Krankheit länger als drei Tage dauert, kann der Betrieb oder die Berufsfachschule ein Arztzeugnis verlangen. Der Betrieb kann ausserdem verlangen, dass man ein Gesuch stellt, wenn man im Voraus weiss, dass man wegen eines Anlasses bei der Arbeit fehlt.
>
> Überrascht hat mich, dass der Betrieb für unbegründete Absenzen Lohnabzüge machen kann. Wenn Lernende häufig fehlen, kann der Betrieb sogar die Auflösung des Lehrvertrags verlangen.
>
> Ich finde es sinnvoll, dass die Regeln zu den Absenzen in der Lehre klar festgelegt sind. Zum Glück weiss ich jetzt schon, wie ich in der Lehre bei Absenzen vorgehen muss.
>
> Raoul Meyer

2   Lies den Text von Aufgabe 1 nochmals und markier im Balken links die Abschnitte mit den folgenden Farben.

Wichtiges   persönliche Meinung   Überraschendes   Einleitung

3   Such im Internet Informationen zu einem der folgenden Themen in der Berufsausbildung oder wähl ein Thema aus der Informationsbroschüre im Themenbuch auf Seite 100. Notier die wichtigsten Informationen zum gewählten Thema.

Arbeitszeugnis ——◯   Überzeit ——◯   Freikurse ——————◯

Berufskleidung ——◯   elterliche Sorge ——◯   Lehrabschlussprüfung ——◯

4   Fass die Informationen aus Aufgabe 3 in einem kurzen Text zusammen. Lies dazu zuerst die Textbausteine und markier Formulierungen, die du in deinem Text verwenden kannst. Schreib deinen Text nach dem Beispiel in Aufgabe 1. Lern deinen korrigierten Text flüssig lesen.

Einleitung	Ich habe zum Thema ... recherchiert.
	Ich habe mich mit dem Thema ... befasst.
Wichtiges	Das Wichtigste zu diesem Thema ist, dass ...
	Ich habe herausgefunden, dass ...
	Es erscheint mir wichtig zu wissen dass ...
	Wichtig erscheint mir vor allem ..., weil ...
Überraschendes	Es ist mir aufgefallen, dass ...
	Ich finde es erstaunlich, dass ...
persönliche Meinung	Ich finde es gut, dass ..., weil ...
	Ich fände es besser, wenn ...

9 Geschichten

Geschichten in meinem Leben	erledigt	kontrolliert
Aufgabe 1, S. 103	☐	☐
Aufgabe 2, S. 103	☐	☐
Aufgabe 3, S. 103	☐	☐

Vier Sorten von Geschichten	erledigt	kontrolliert
Aufgabe 1, S. 104	☐	☐
Aufgabe 2, S. 105	☐	☐
Aufgabe 3, S. 105	☐	☐
Aufgabe 4, S. 106	☐	☐

Wie nennt man das?	erledigt	kontrolliert
Aufgabe 1, S. 107	☐	☐
Aufgabe 2, S. 107	☐	☐
Aufgabe 3, S. 108	☐	☐

Wie findet er das? Wie findet sie das?	erledigt	kontrolliert
Aufgabe 1, S. 109	☐	☐

Und dann ... und dann ... und dann ...	erledigt	kontrolliert
Aufgabe 1, S. 110	☐	☐
Aufgabe 2, S. 110	☐	☐
Aufgabe 3, S. 111	☐	☐
Aufgabe 4, S. 111	☐	☐
Aufgabe 5, S. 111	☐	☐

Über einen Kurzfilm schreiben	erledigt	kontrolliert
Aufgabe 1, S. 112	☐	☐
Aufgabe 2, S. 112	☐	☐
Aufgabe 3, S. 113	☐	☐
Aufgabe 4, S. 113	☐	☐

Das will ich lernen:

_____

_____

_____

_____

_____

_____

_____

_____

_____

_____

_____

Geschichten in meinem Leben

1 An welche Geschichten aus Comics, Büchern, Filmen, Hörspielen usw. erinnerst du dich?
Notier Informationen dazu.

Meine Lieblingsgeschichte von früher

Titel _____

- [ ] Bilderbuch   [ ] Lesebuch   [ ] Comic
- [ ] Film   [ ] Hörspiel   [ ] Märchen
- [ ] anderes: _____

Meine Lieblingsgeschichte von heute

Titel _____

- [ ] Bilderbuch   [ ] Lesebuch   [ ] Comic
- [ ] Film   [ ] Hörspiel   [ ] Märchen
- [ ] anderes: _____

2 Notier für jede Geschichte in Aufgabe 1 die drei Grundelemente.

a) Wer ist die Hauptfigur?   **b)** Was ist das Problem?   **c)** Wie ist die Lösung?

3 Sprecht über eure Lieblingsgeschichten aus Aufgabe 1 wie im Beispiel.

> Wie heisst deine Lieblingsgeschichte von früher?

> Sie heisst *O caldo de pedra*. Das bedeutet übersetzt «die Steinsuppe».

> War das ein Bilderbuch?

> Nein, das war ein Märchen, das mir meine Mutter immer auf Portugiesisch erzählt hat.

> Und wie ging die Geschichte?

> Ein Mönch ist die Hauptfigur. Das Problem ist, dass er Hunger hat und niemand ihm zu essen gibt. Als Lösung behauptet er, dass er mit einem Stein eine Suppe kochen könne. Die Leute glauben ihm natürlich nicht. Der Mönch will es ihnen beweisen. Er verlangt einen Topf mit Wasser, legt einen Stein hinein, kocht den Stein und verlangt dazu noch eine Wurst, Gemüse, Bohnen, Salz und Pfeffer. Am Schluss isst er die ganze Suppe auf und ist satt.

9

Vier Sorten von Geschichten

1 Lies die vier Texte zu den verschiedenen Sorten von Geschichten. Markier die wichtigsten Merkmale der verschiedenen Textsorten.

Die Sage

Eine Sage ist eine kurze Erzählung, die oft mit einem bestimmten Ort, einem Menschen oder einem Ereignis verbunden ist, die es wirklich gegeben hat. So kann eine Sage zum Beispiel erklären, wie etwas entstanden ist oder warum ein Ort einen speziellen Namen hat. Das heisst aber nicht, dass alles, was in einer Sage erzählt wird, auch wirklich so passiert ist. Meistens ist nur der Anfang einer Sage wahr und der Rest erfunden.

Die Sage spielt immer in einer Zeit, die schon längst vergangen ist. Die Hauptfiguren sind oft einfache Menschen von früher, wie zum Beispiel die Tochter einer Witwe, ein Bauernsohn oder ein Bettler. Daneben kommen aber oft auch Fantasiefiguren wie Berggeister, Feen oder der Teufel vor. Wer eine Sage erfunden hat, weiss man meistens nicht. Sagen gehören zu den Geschichten, die sich die Menschen immer und immer wieder erzählt haben, bis sie irgendwann einmal jemand aufgeschrieben hat.

Die Fabel

Eine Fabel ist eine kurze Erzählung mit Tieren als Hauptfiguren, die zeigt, was gut und was schlecht ist. Die Tiere können sprechen und verhalten sich wie Menschen. Oft verkörpert ein Tier eine bestimmte menschliche Charaktereigenschaft: Der Fuchs ist schlau, der Esel ist dumm, der Löwe ist mächtig, der Wolf ist gierig, die Eule ist intelligent. In der Fabel treten meistens zwei Hauptfiguren als Gegner auf: der Fuchs und der Rabe, der Wolf und das Lamm, der Löwe und der Esel. Diese zwei Hauptfiguren messen sich oder werden in der Fabel miteinander verglichen, wobei die stärkere oder klügere am Ende gewinnt. Am Ende der Geschichte steht die Moral, das heisst, man erfährt, was die unterlegene Figur getan hat und was richtig gewesen wäre. Fabeln sind also Geschichten, die die Menschen lehren, wie sie sich gegenüber anderen Menschen verhalten sollten.

Das Märchen

Ein Märchen ist eine Erzählung, die in einer erfundenen Welt spielt. Meistens geht es um eine Hauptfigur, die auf eine Reise geht oder ein Abenteuer erlebt. Dabei können Dinge passieren, die im richtigen Leben unmöglich sind. Oft sind auch magische Gegenstände involviert: ein Ring, der unsichtbar macht, oder ein Zauberspiegel, der die Wahrheit zeigt. Auch die Figuren in den Märchen sind oft aus einer Fantasiewelt. Da gibt es Könige und Prinzessinnen, Zwerge, Drachen, Riesen oder Zauberer. Wo genau das Märchen spielt und in welcher Zeit, wird oft nicht gesagt. Stattdessen heisst es am Anfang: «Es war einmal vor langer, langer Zeit …». Ein Märchen zeigt, was gut und was böse ist. Es ist oft auf einfachen Gegensätzen aufgebaut: Es gibt den Armen und den Reichen, die Schöne und die Hässliche, den Fleissigen und den Faulen, die Dumme und die Kluge. Am Schluss werden die Figuren mit den guten Eigenschaften belohnt. So lernen Menschen, wie sie sich verhalten sollten.

Die Kurzgeschichte

Eine Kurzgeschichte ist eine moderne Form der Erzählung, die es in der deutschsprachigen Literatur erst seit den 1950er-Jahren gibt. Sie werden von Autorinnen und Autoren geschrieben, die sonst meistens auch ganze Romane schreiben. Kurzgeschichten sind in der Regel erfundene Geschichten. Es gibt eine Hauptfigur und nur wenige Nebenfiguren. Eine Kurzgeschichte beschreibt oft eine kurze reale Szene aus dem Alltag der Hauptfigur, in der etwas Besonderes passiert. Die Welt, in der die Szene spielt, ist gleich wie die Wirklichkeit der Leserinnen und Leser. Die Szene umfasst meistens nur wenige Minuten oder Stunden und sie findet oft auch nur an einem einzigen Ort statt. Am Ende steht keine Moral geschrieben, das heisst, die Kurzgeschichte sagt den Leserinnen und Lesern nicht, was sie aus der Geschichte lernen können – sie müssen das selber interpretieren.

Klassische deutsche Kurzgeschichten

Reclam

2   **Ergänz die Tabelle mit den Informationen aus den Texten von Aufgabe 1.**

Textsorte	Inhalt	wahr oder erfunden	Schauplatz	typische Figuren
Sage	wie etwas entstanden ist	am Anfang wahr	ein bestimmter Ort	Menschen
Fabel	was schlecht ist	erfunden	Tierwelt	Tiere
Märchen	was gut ist			Prinzessinnen
Kurzgeschichte				gewöhnliche Personen

3   **Sprecht über die Gemeinsamkeiten und Unterschiede der vier Sorten von Geschichten. Benützt dazu die Informationen in der Tabelle von Aufgabe 2.**

Ein Unterschied zwischen Märchen und Sagen ist, dass man bei Märchen nicht weiss, wo sie spielen.

Märchen und Sagen haben aber gemeinsam, dass ...

In Kurzgeschichten sind die Hauptfiguren normale Menschen. In der Fabel sind sie hingegen ...

Das stimmt. Der Unterschied ist aber auch, dass ...

4 Lies die unten stehenden Geschichtenanfänge. Notier in einem Satz, ob es sich um ein Märchen, eine Sage, eine Fabel oder eine Kurzgeschichte handelt und an welchem Merkmal du das erkennst.

1.

Die Schildkröte und der Hase

Die Schildkröte und der Hase hatten einen Streit. Der Hase machte sich nämlich über die Schildkröte lustig, weil sie so langsam war. ...

Das ist eine Fabel, weil _____

_____

2.

Unterwegs

«Es ist nicht mehr weit», rief der Busfahrer über die Schulter und zeigte mit der rechten Hand auf ...

_____

_____

3.

Die zwölf Brüder

Es waren einmal ein König und eine Königin, die lebten in Frieden miteinander und hatten zwölf Kinder. Doch es waren alles Buben. Da sagte der König zu seiner Frau: ...

_____

_____

4.

Vom Fuchs und dem Raben

Ein Rabe hatte ein Stück Käse gefunden und sich auf einen Ast gesetzt, um es zu fressen, als gerade ein Fuchs vorbeikam. Der Fuchs sah den Käse und wollte ...

_____

_____

5.

Frau Holle

Eine Witwe hatte einmal zwei Töchter, davon war die eine schön und fleissig und die andere hässlich und faul. Die Witwe hatte die hässliche und faule Tochter aber viel lieber, weil sie ...

_____

_____

6.

Die Bommerzwerge

Man sagt, dass schon zu Urzeiten in den Höhen vom Alpstein im Kanton Appenzell kleine Leute lebten. Allerdings waren sie wirklich sehr klein und ...

_____

_____

7.

Waschtag

Renzo war gerade auf dem Weg zur Waschküche, als sich die Haustür einer Wohnung öffnete und ...

_____

_____

8.

Die Napoleonsbrücke

Bei der Napoleonsbrücke in Brig war es früher unheimlich. Immer wieder stürzten Pferde mitsamt Wagen in die Tiefe oder ...

_____

_____

Wie nennt man das?

1 Lies die Adjektive im Schüttelkasten und die Umschreibungen in der Tabelle. Ordne die Adjektive den Umschreibungen zu.

verzweifelt entschlossen verblüfft betrogen heimlich listig zornig
verlockend erwartungsvoll verängstigt schadenfroh erschöpft schlau

1. Wenn man einen Entschluss gefasst hat und das umsetzt, ist man _____ .

2. Wenn man keinen Ausweg oder keine Lösung für ein Problem mehr sieht, ist

   man _____ .

3. Wenn man sich einen Plan ausdenkt, wie man jemanden täuschen kann,

   ist man _____ .

4. Wenn etwas so interessant und attraktiv scheint, dass man es fast nicht ablehnen

   kann, ist das _____ .

5. Wenn man grosse Angst vor etwas hat, ist man _____ .

6. Wenn etwas passiert, an das man überhaupt nicht gedacht hat, und man deshalb gar nicht

   mehr weiss, was sagen, ist man _____ .

7. Wenn man sehr gespannt darauf wartet, dass etwas passiert, ist man _____ .

8. Wenn man immer eine einfache Lösung für Probleme findet, ist man _____ .

9. Wenn man sich darüber freut, dass jemand anderes einen Schaden erlitten hat, ist

   man _____ .

10. Wenn man bewusst benachteiligt wird, dann fühlt man sich _____ .

11. Wenn man einen grossen Zorn auf eine Person oder Situation hat, dann ist

    man _____ .

12. Wenn man keine Kraft und Energie mehr hat, dann ist man _____ .

13. Wenn man etwas macht, ohne dass es die betreffende Person merkt, dann macht man das

    _____ .

2 Wähl vier Adjektive aus Aufgabe 1. Beschreib wie im Beispiel eine Situation, in der du dich so gefühlt hast.

1. verängstigt: Als ich in der Nacht alleine nach Hause gehen musste,
   nachdem wir einen Horrorfilm geschaut hatten, war ich verängstigt.
2.

3 Lies die Sätze und schreib das passende Adjektiv in die Lücke. Wenn du nicht sicher bist, kannst du im Themenbuch auf Seite 105 nochmals nachlesen.

zornig   erschöpft   verängstigt   entschlossen   listig   heimlich
verlockend   verblüfft   betrogen   schadenfroh   schlau
verzweifelt   erwartungsvoll

Die Teufelsbrücke

1. Die Leute aus dem Kanton Uri waren _____ , endlich einen besseren Weg durch die Schöllenenschlucht zu bauen.

2. Die Bauherren waren _____ , weil es unmöglich schien, bei den steilen Felswänden eine Brücke zu bauen.

3. Da erschien der Teufel. Er hatte einen Plan, wie er die Urner täuschen konnte. Er sah sie _____ an und machte ihnen ein Angebot.

4. Das Angebot war sehr _____ , denn es hätte das grosse Problem der Urner zu einem scheinbar kleinen Preis gelöst.

5. Die Urner fürchteten sich. Sie waren _____ , denn sie wussten, dass man mit dem Teufel keine Geschäfte machen darf. Trotzdem stimmten sie dem Vorschlag zu.

6. Als die Urner nach drei Tagen in die Schöllenenschlucht zurückkehrten, waren sie _____ , weil da plötzlich eine Brücke über die tiefe Schlucht führte.

7. Auf der anderen Seite der Brücke sass der Teufel. Er freute sich schon auf seinen Lohn und blickte den Urnern _____ entgegen.

8. Doch die Urner waren _____ und hatten einen Plan gemacht, wie sie den Teufel überlisten konnten. Statt eines Menschen schickten sie einen Ziegenbock über die Brücke.

9. Als der Teufel wütend wurde, lachten die Urner _____ , weil er nicht erhalten hatte, was er wollte.

10. Der Teufel fühlte sich _____ , weil er die Abmachung mit den Urnern natürlich anders verstanden hatte.

11. Um sich zu rächen, holte er einen riesigen Felsblock, mit dem er die Brücke zerstören wollte. Weil der Stein aber sehr schwer war, musste er _____ eine Pause machen.

12. Während sich der Teufel ausruhte, kam eine alte Frau vorbei. _____ machte sie ein Kreuz auf den Stein. Der Teufel merkte davon nichts.

13. Wegen des Kreuzes konnte der Teufel den Felsblock nicht mehr anfassen. Er sah ein, dass man ihn noch einmal betrogen hatte, und versank _____ im Boden.

Wie findet er das? Wie findet sie das?

1 Wählt Teil A oder B und deckt den anderen Teil mit einem Blatt ab. Fragt und antwortet abwechselnd mit den Redemitteln.

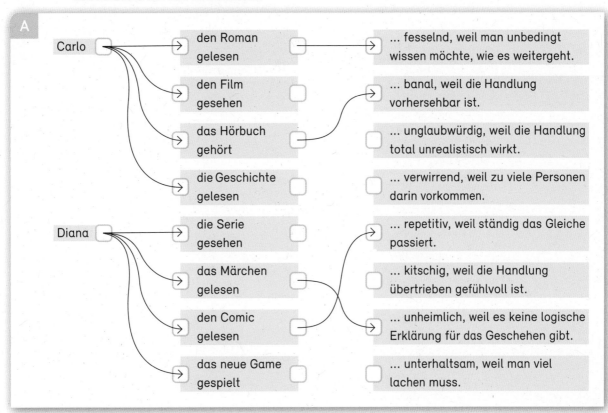

Frage	Antwort
Wie findet **Carlo den Roman, den er gelesen hat?**	Er findet den **Roman fesselnd, weil man unbedingt wissen möchte, wie es weitergeht.**

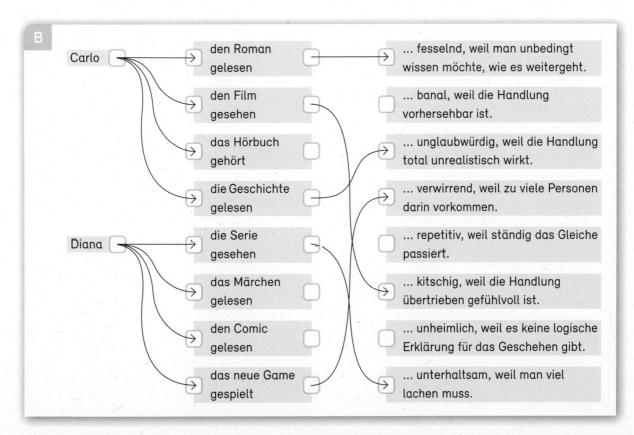

Und dann … und dann … und dann …

1 Lies Version 1 der Nacherzählung des Kurzfilms *Schwarzfahrer* in Aufgabe 2. Was hältst du von dieser Version? Notier.

Ich finde, dass die Nacherzählung _____ ,

weil _____

2 Lies Version 2 der Nacherzählung. Was ist anders? Vergleich mit Version 1 und markier alle Unterschiede in Version 2.

Version 1

Der Kurzfilm *Schwarzfahrer* spielt in Berlin. Die Hauptpersonen sind eine ältere Dame und ein junger, dunkelhäutiger Mann.

Der junge, dunkelhäutige Mann steigt ins Tram. Als er den freien Platz neben der Dame sieht, fragt er, ob der Platz noch frei sei. Aber die Dame ignoriert ihn. Dann setzt sich der junge Mann, ohne etwas zu sagen, neben sie.

Dann fällt der Dame die Tasche auf den Boden. Dann beginnt sie, den jungen Mann rassistisch zu beleidigen. Die anderen Fahrgäste sagen nichts. Auch der junge Mann sitzt nur ruhig da und reagiert nicht auf die Beleidigungen.

Dann werden die Beschimpfungen der Dame immer schlimmer. Und dann wird die Stimmung im Tram immer angespannter.

Dann steigt ein Kontrolleur ein und fordert die Fahrgäste auf, ihre Fahrkarten zu zeigen. Dann nimmt die Dame ihr Billett aus der Tasche und hält es hoch. Dann schnappt sich der junge Mann das Billett und isst es auf. Dann will der Kontrolleur das Billett der Frau sehen und sie meint empört: «Der Neger hier hat es eben aufgefressen.»

Doch der Kontrolleur glaubt ihr nicht. Dann steigt er mit der Dame aus und gibt ihr eine Busse. Dann fährt das Tram ohne die Dame weiter, als wäre nichts geschehen.

Version 2

Der Kurzfilm *Schwarzfahrer* spielt in Berlin. Die Hauptpersonen sind eine ältere Dame und ein junger, dunkelhäutiger Mann.

Der junge, dunkelhäutige Mann steigt ins Tram. Als er den freien Platz neben der Dame sieht, fragt er, ob der Platz noch frei sei. Aber die Dame ignoriert ihn. Da setzt sich der junge Mann, ohne etwas zu sagen, neben sie.

Kurz darauf fällt der Dame die Tasche auf den Boden. Sofort beginnt sie, den jungen Mann rassistisch zu beleidigen. Die anderen Fahrgäste sagen nichts. Auch der junge Mann sitzt nur ruhig da und reagiert nicht auf die Beleidigungen.

Schliesslich werden die Beschimpfungen der Dame immer schlimmer. Dabei wird die Stimmung im Tram immer angespannter.

Kurze Zeit später steigt ein Kontrolleur ein und fordert die Fahrgäste auf, ihre Fahrkarten zu zeigen. Daraufhin nimmt die Dame ihr Billett aus der Tasche und hält es hoch. Plötzlich schnappt sich der junge Mann das Billett und isst es auf. Als der Kontrolleur das Billett der Frau sehen will, meint sie empört: «Der Neger hier hat es eben aufgefressen.»

Doch der Kontrolleur glaubt ihr nicht. Wenig später steigt er mit der Dame aus und gibt ihr eine Busse. Schliesslich fährt das Tram ohne die Dame weiter, als wäre nichts geschehen.

3 Analysier die markierten Wörter und Ausdrücke in Aufgabe 2. Was drücken sie genau aus?
Ordne sie der passenden Gruppe zu.

1. Eine Handlung geschieht gleichzeitig mit einer anderen.

dabei,
_____
_____
_____
_____
_____

2. Eine Handlung geschieht überraschend.

_____
_____
_____
_____
_____
_____

3. Zwischen zwei Handlungen liegen nur Sekunden oder Minuten.

_____
_____
_____
_____
_____

4. Eine Handlung steht am Ende einer Entwicklung.

_____
_____
_____
_____
_____

4 Kennst du noch andere Wörter oder Formulierungen, die zu den Gruppen in Aufgabe 3 passen würden? Ergänz sie.

5 Lern Version 2 in Aufgabe 2 fast auswendig vorlesen.

Über einen Kurzfilm schreiben

A 15

1 Such im Internet den Kurzfilm *For the Birds.* Schau dir den Film zwei Mal an.

2 Hör den Text und lies mit. Konzentrier dich auf das, was du verstehst.

For the Birds

Zu Beginn des Films sieht man, wie sich ein Schwarm kleiner Vögel auf einer Stromleitung versammelt. Schauplatz des Films ist eine Stromleitung irgendwo auf dem Land. Die Hauptfiguren dieses Films sind ein Schwarm kleiner Vögel und ein grosser Vogel, der anders als die anderen ist. Der Kurzfilm *For the Birds* erzählt eine Geschichte ganz ohne Sprache und dauert ohne Abspann drei Minuten. Ich finde den Film sehr gut gemacht, weil man die Gespräche und die Gefühle der Tiere versteht, ohne dass gesprochen wird. Plötzlich hören die kleinen Vögel ein Geräusch und bemerken, dass ein anderer, grosser Vogel auf dem Strommast nebenan sitzt und ihnen zuwinkt. Sofort machen sich die kleinen Vögel über ihn lustig, weil er so seltsam aussieht. Doch der grosse Vogel bleibt nett und versucht, ihre Sympathie zu gewinnen. Besonders gelungen finde ich, wie die verschiedenen Charaktere und Gedanken der Vögel dargestellt werden und dass man sofort Sympathie mit dem grossen Vogel hat. Während die kleinen Vögel über den grossen Vogel zu lästern beginnen, fliegt er zu ihnen hin und setzt sich mitten in die Gruppe hinein. Daraufhin picken ihm die kleinen Vögel in den Bauch und versuchen, ihn zu verjagen. Thematisiert wird, wie jemand von einer Gruppe ausgegrenzt wird, weil er anders als die anderen ist. Da verliert der grosse Vogel das Gleichgewicht. Im letzten Moment kann er sich noch mit den Füssen an der Stromleitung festhalten und bleibt kopfüber hängen. Doch die kleinen Vögel picken nun auf seine Füsse ein, bis der grosse Vogel zu Boden fällt. Meiner Meinung nach regt der Film zum Nachdenken an, denn beim Anschauen der Geschichte kann man sich gut in die Situation des grossen Vogels hineinversetzen. Den Schluss des Filmes finde ich ausserdem sehr lustig und auch unerwartet. Als der grosse Vogel die Stromleitung loslässt, werden alle kleinen Vögel in die Luft geschleudert.

Dabei verlieren diese alle Federn und fallen einer nach dem anderen nackt auf den Boden. Als der grosse Vogel den ersten nackten Vogel sieht, lacht er laut heraus. Ich glaube, dass man die Moral der Geschichte mit folgendem Sprichwort beschreiben kann: «Wer zuletzt lacht, lacht am besten.» Er reicht dem kleinen Vogel ein Laubblatt, damit dieser sich bekleiden kann. Kurz darauf fallen auch die anderen kleinen Vögel nackt auf den Boden. Verschämt verstecken sie sich hinter dem grossen Vogel, während dieser sich vor Lachen kaum erholen kann. Ich vermute, dass der Regisseur darauf aufmerksam machen wollte, wie man mit Mobbing umgehen kann. Bei *For the Birds* handelt es sich um einen Kurzfilm des Regisseurs Ralph Eggleston. Der Film ist computeranimiert und wurde im Jahr 2000 in den USA produziert. Insgesamt finde ich den Kurzfilm sowohl für Kinder und Jugendliche als auch für Erwachsene sehenswert.

3 Der Text in Aufgabe 2 ist unstrukturiert. Ein gut strukturierter Text ist in Abschnitte gegliedert und jeder Abschnitt behandelt ein Thema. In diesem Text sind die Themen aber völlig durcheinander. Lies den Text nochmals und markier jeden Satz mit der Farbe des entsprechenden Themas.

Informationen zum Film   Handlung des Films   persönliche Stellungnahme

4 Schreib den Text neu und gliedere ihn in drei Abschnitte gemäss den drei Themen in Aufgabe 3. Bring die Informationen auch innerhalb der Abschnitte in eine logische Reihenfolge. Du kannst auch im Themenbuch auf Seite 110 noch einmal nachsehen, wie das im Text *Schwarzfahrer* gemacht wurde.

For the Birds

Der Kurzfilm „For the Birds" erzählt ...

10 Kreativität

Projekt: Liebesroman	erledigt	kontrolliert
Aufgabe 1, S. 115	☐	☐
Aufgabe 2, S. 117	☐	☐
Aufgabe 3, S. 118	☐	☐
Aufgabe 4, S. 119	☐	☐
Aufgabe 5, S. 119	☐	☐
Aufgabe 6, S. 119	☐	☐
Aufgabe 7, S. 120	☐	☐
Aufgabe 8, S. 120	☐	☐
Aufgabe 9, S. 120	☐	☐
Aufgabe 10, S. 121	☐	☐

Landeskunde im Überblick	erledigt	kontrolliert
Aufgabe 1, S. 122	☐	☐

Das will ich lernen:

_____
_____
_____
_____
_____
_____
_____
_____
_____
_____
_____
_____
_____
_____

Projekt: Liebesroman

Die folgenden Seiten bieten eine Anleitung, wie eine Klasse oder Gruppe von Lernenden einen Liebesroman schreiben kann. Selbstverständlich gilt die Anleitung auch für Interessierte, die einen Liebesroman ganz allein schreiben möchten. Der Ablauf des Projekts ist in folgende Arbeitsschritte aufgeteilt:

1. den Liebesroman planen
2. die Kapitel in der Gruppe verteilen
3. das eigene Kapitel skizzieren
4. die Geschichte mündlich erfinden
5. die Inhalte in der Klasse austauschen

6. das Kapitel schreiben
7. alle Kapitel in der Klasse vorlesen
8. das Kapitel überarbeiten
9. den Titel finden
10. das Buch gestalten und drucken

Am Schluss entsteht ein Liebesroman, den man Freundinnen, Freunden und Familienmitgliedern zum Lesen schenken kann.

Das Team der Autorinnen und Autoren von *startklar* wünscht allen viel Spass und Erfolg!

1   Im ersten Schritt plant ihr den Liebesroman. Folgt der Anleitung.

Anleitung zum Ausfüllen des Steckbriefs

1. Der Steckbrief für einen Liebesroman wird gemeinsam am Computer und Beamer ausgefüllt. Dazu wird ein Word-Dokument mit dem Steckbrief von Seite 116 erstellt.

2. Zuerst wird gemeinsam festgelegt, ob die beiden Liebenden ein Mädchen und ein Junge, zwei Mädchen oder zwei Jungen sein sollen. In der Zeile «das Liebespaar» werden die nicht zutreffenden Pronomen *er* bzw. *sie* durchgestrichen.

3. Die weiteren Angaben werden nach dem Prinzip «Die erste Person, die einen Vorschlag macht, hat Recht» ausgefüllt. Diese Vorschläge werden ohne Diskussion aufgeschrieben.

4. Eine Person leitet die Arbeit. Eine andere Person notiert die Vorschläge ins Word-Dokument.

5. Vorschläge dürfen erst gemacht werden, wenn die Leitungsperson die entsprechende Frage gestellt hat, zum Beispiel «Wie heisst sie?», «Was ist sie von Beruf?». Wer vorher etwas sagt, muss eine Runde aussetzen.

6. Wenn der Steckbrief ausgefüllt ist, wird kontrolliert, ob es widersprüchliche Angaben gibt, zum Beispiel «Sie ist 14 Jahre alt. Sie ist Architektin» – das ist nicht möglich.

7. Widersprüchliche Angaben werden korrigiert, zum Beispiel «Sie ist 14 Jahre alt. Sie ist Schülerin» oder «Sie ist 28 Jahre alt. Sie ist Architektin».

8. Die Angaben werden am Schluss in den Steckbrief auf Seite 116 übertragen.

Steckbrief für einen Liebesroman

das Liebespaar	er/sie	sie/er
Name		
Alter		
Wohnort		
Beruf		
Lohn pro Monat		
Hobbys wie oft pro Woche?		
Aussehen		
Charakter		

Eltern	von ihm / von ihr	von ihr / von ihm
Name der Mutter		
Charakter		
Name des Vaters		
Charakter		

Geschwister	von ihm / von ihr	von ihr / von ihm
Name der Schwester		
Charakter		
Name des Bruders		
Charakter		

Freund/Freundin	von ihm / von ihr	von ihr / von ihm
Name		
Charakter		
etwas Besonderes		

geografischer Ort der Geschichte	
Jahreszeit der Geschichte	
Dauer der Geschichte	

2 Im zweiten Schritt teilt ihr die zehn Kapitel des Liebesromans den Arbeitsgruppen zu. Jedes Kapitel kann von einer Zweiergruppe geschrieben werden. Je nach Grösse der Klasse können einzelne Kapitel zu dritt geschrieben oder auch weggelassen werden. Entscheidet, wer welches Kapitel schreibt, und notiert die Namen der Autoren und Autorinnen. Die Kapitel können auch durch das Los verteilt werden.

Kapitel	Arbeitstitel	Inhalt	Autor/Autorin
1	Kennenlernen	Sie treffen sich irgendwo und beginnen miteinander zu sprechen.	_____ _____
2	Der erste Kuss	Bei einem weiteren Treffen kommt es zum ersten Kuss.	_____ _____
3	Sie sind ein Paar.	Eine Person ist sich nicht sicher, ob sie mit der anderen zusammen sein will. Sie spricht offen über die Zweifel. Am Schluss werden die zwei dennoch ein Paar.	_____
4	Was sagen die Freunde und Freundinnen?	Die beiden erzählen ihren Freunden und/oder Freundinnen, dass sie zusammen sind. Nicht alle finden die Beziehung gut. Einige Freunde oder Freundinnen beginnen, an der Beziehung zu zweifeln. Die beiden sprechen anschliessend über diese Reaktionen und kommen zum Schluss, dass sie trotzdem sehr gut zusammenpassen und nicht auf die anderen hören wollen.	_____
5	Was sagen die Eltern?	Die beiden erzählen ihren Eltern von der Beziehung. Die Eltern reagieren ganz unterschiedlich.	_____ _____
6	Eifersucht	Eine dritte Person gibt Anlass zu Eifersucht und löst eine Krise in der Beziehung aus. Am Schluss stellt sich heraus, dass alles nur ein Missverständnis war.	_____ _____
7	Das erste gemeinsame Wochenende	Das Paar möchte am Wochenende zusammen einen Ausflug machen. Dabei muss es verschiedene Probleme lösen, zum Beispiel die Eltern von der Idee überzeugen, sich mit wenig Geld organisieren usw.	_____
8	Träume für die Zukunft	Die beiden träumen von einer schönen gemeinsamen Zukunft, zum Beispiel einer gemeinsamen Reise, einer gemeinsamen Wohnung usw. Sie haben aber nicht bei allem die gleichen Vorstellungen. Es zeigen sich erste Risse in der Beziehung.	_____
9	Streit	Die Liebenden haben einen heftigen Streit. Beide finden, dass sie im Recht sind. Sie sind wütend aufeinander und brechen für eine Weile den Kontakt ab.	_____
10	Happy End oder Ende der Liebe?	Die beiden treffen sich nach einer Weile wieder, um sich auszusprechen. Finden sie eine Lösung für ihr Problem? Führen sie die Beziehung weiter oder trennen sie sich?	_____

3 Im dritten Schritt skizziert ihr den Inhalt eures Kapitels. Dazu führt ihr zwei Brainstormings durch. Folgt dabei den Anweisungen.

1. Brainstorming: Ideen sammeln

– Jede Person schreibt möglichst viele Ideen für die Handlung auf Post-it-Zetteln auf.
– Alles ist erlaubt. Keine Idee wird kommentiert, egal wie gut oder schlecht sie ist. Traut euch, auch verrückte und lustige Ideen aufzuschreiben.
– Klebt die Post-it-Zettel durcheinander auf den Tisch.

2. Brainstorming: Ideen sortieren

– Lest jede Idee laut vor und ergänzt sie.
– Entscheidet, welche Ideen bleiben (+) und welche eliminiert werden (–).

4 Im vierten Schritt erfindet ihr die Geschichte mündlich. Nehmt dazu die ausgewählten Zettel und bringt sie in eine logische Reihenfolge. Sprecht die Geschichte wie im Beispiel probeweise durch. Ergänzt mit weiteren Zetteln, falls noch etwas fehlt.

5 Im fünften Schritt tauscht ihr euch in der Klasse über die Inhalte der Kapitel aus. Jede Gruppe erzählt der Klasse, was in ihrem Kapitel passiert. Diskutiert und klärt folgende Fragen. Notiert die Änderungen für euer Kapitel.

- Passen die Kapitel zusammen?
- Welche Informationen fehlen in den Kapiteln?
- Was muss geändert oder ergänzt werden, damit die Geschichte stimmig ist?

6 Im sechsten Schritt schreibt ihr euer Kapitel. Folgt dabei den Anweisungen.

Ein Kapitel schreiben

Schreibt pro Zettel einen Abschnitt. Geht für jeden Zettel folgendermassen vor:

1. mündlich klären, was genau passiert
   - Ihr lest die Idee auf dem ersten Zettel vor.
   - Ihr erzählt, was in diesem Teil der Geschichte genau passiert.
   - Fragt gegenseitig nach und ergänzt.
   - Diskutiert, bis klar ist, was genau passiert.

2. mündlich formulieren, was aufgeschrieben werden soll
   - Eine Person formuliert die ersten Sätze.
   - Die andere Person ergänzt mit eigenen Ideen.
   - Wenn nötig verändert oder ergänzt ihr die gesprochenen Sätze.

3. aufschreiben
   - Eine Person schreibt am Computer den Text.
   - Lest die geschriebenen Teile immer wieder laut und kontrolliert, ob sie stimmig sind.

Für die weiteren Abschnitte wiederholt ihr die Arbeitsschritte 1 bis 3.

7 Im siebten Schritt lest ihr alle Kapitel in der Klasse vor. Diskutiert und klärt folgende Fragen. Notiert die Änderungen für euer Kapitel.

- Sind die Übergänge von einem Kapitel zum anderen logisch?
- Welche Informationen fehlen?
- Was muss geändert oder ergänzt werden, damit die Geschichte stimmig ist?

8 Im achten Schritt überarbeitet ihr das Kapitel. Folgt dabei den Anweisungen.

Ein Kapitel überarbeiten

1. im Word-Programm die Autokorrektur einschalten und alle angezeigten Wörter überprüfen
2. den Text nochmals laut lesen und auf mögliche Ungereimtheiten achten, gegebenenfalls korrigieren
3. den Text für die Endkorrektur abgeben. Die Lehrperson korrigiert alle Fehler kommentarlos.

---

9 Im neunten Schritt wird in der Klasse ein passender Titel gewählt. Folgt dabei den Anweisungen.

Einen Titel wählen

1. allein: Jede Person überlegt sich drei mögliche Titel und notiert sie.

2. zu zweit: Lest einander eure Titel vor. Ihr habt zusammen sechs Titel. Diskutiert, welche drei Titel die besten sind.

3. zu viert: Jede Zweiergruppe liest ihre drei Titel vor. Diskutiert wieder, welches die besten drei Titel sind.

4. zu acht: Jede Vierergruppe liest ihre drei Titel vor. Diskutiert wieder, welches die drei besten Titel sind. Wählt aus diesen drei Titeln euren Favoriten aus.

5. alle zusammen: Die Titelfavoriten der Achtergruppen werden an die Wandtafel geschrieben. Stimmt demokratisch über den Titel ab. Jede Person kann nur für einen Titel stimmen, zum Beispiel mit einem kleinen Post-it-Zettel, der unter den Titel geklebt wird. Der Titel mit den meisten Post-it-Zetteln ist der definitive Titel.

---

10 Im zehnten Schritt wird das Buch oder das Heft produziert. Die folgenden Arbeiten können in der Klasse aufgeteilt werden.

Titelblatt gestalten

Diskutiert, was für ein Bild auf die Titelseite kommt. Was soll das Bild darstellen? Bestimmt eine bis zwei Personen, die die Gestaltung des Titelblattes übernehmen.

Impressum schreiben

Im Impressum stehen die Namen der Autoren, der Ort und das Erscheinungsjahr. Hier können auch Dankessätze stehen für diejenigen Personen, die das Projekt unterstützt haben. Das Impressum kann nach dem Titelblatt stehen oder ganz am Schluss.

Inhaltsverzeichnis erstellen

Das Inhaltsverzeichnis der Geschichte enthält die Titel der Kapitel und die entsprechenden Seitenangaben. Man kann das Inhaltsverzeichnis von Hand machen oder im Word-Dokument automatisch generieren. Es steht in der Regel am Anfang des Buchs nach dem Impressum.

Texte layouten

Alle Kapitel werden zu *einem* Word-Dokument zusammengefügt. Die Titel werden einheitlich gestaltet. Auch die Texte der Kapitel sollten gleich formatiert sein.

– Schrift wählen
– Schriftgrösse wählen (empfohlen ist 11 oder 12 Punkt)
– Zeilenabstand wählen (empfohlen ist 1,15 mehrfach)
– Blocksatz oder Flattersatz wählen

Die Seiten werden automatisch nummeriert. Jedes neue Kapitel beginnt auf einer neuen Seite.

Buch oder Heft produzieren

Wenn alles kontrolliert wurde und in Ordnung ist, können die Seiten gedruckt und gebunden werden.

Landeskunde im Überblick

1 Beantworte die Fragen und füll das Kreuzworträtsel in Grossbuchstaben aus. Die Antworten findest du auf allen Landeskundeseiten im Themenbuch.

| Einheit 1 (Seiten 16–17) | **1a** Samira kommt ursprünglich aus _____ . |
| | **1b** Samira hat im Zentrum _____ in Affoltern am Albis gewohnt und Deutsch gelernt. |

| Einheit 2 (Seiten 28–29) | **2a** Wohnbaugenossenschaften bieten möglichst günstige Wohnungen für ihre _____ . |
| | **2b** Ebenfalls wichtig sind für viele Wohnbaugenossenschaften das Zusammenleben, die Mitbestimmung, die Ökologie, die Autofreiheit und die _____ . |

| Einheit 3 (Seiten 40–41) | **3a** *Jugend und Sport* bietet für Kinder und Jugendliche Kurse und _____ an. |
| | **3b** Wenn man J+S-Leiterin oder -Leiter werden will, muss man 18 Jahre alt sein und eine _____ besuchen. |

| Einheit 4 (Seiten 52–53) | **4a** Im Namen *Agriviva* steckt das Wort *agricultura*. Dies bedeteutet _____ . |
| | **4b** Günstig übernachten kann man in den Schweizer _____ . |

| Einheit 5 (Seiten 64–65) | **5a** Uri, Schwyz und Unterwalden schlossen 1291 als erste Schweizer Kantone ein Bündnis. Das ist eine Art _____ . |
| | **5b** Mit der ersten Bundesverfassung wurde 1848 die heutige Schweiz _____ . |

| Einheit 6 (Seiten 76–77) | **6a** Das politische System der Schweiz nennt man eine direkte _____ . |
| | **6b** Das Stimmrecht und das _____ sind für die Demokratie zentral. |

| Einheit 7 (Seiten 88–89) | **7a** Das Gemüse im Hofladen wird vor Ort produziert. Deshalb sind die _____ ganz kurz. |
| | **7b** Auch auf dem Wochenmarkt bekommt man ganz frische _____ . |

Einheit 8 (Seiten 100–101)	**8a** In einer Lehre hat man Rechte und _____ .
	8b Die _____ darf während der Lehre nicht mehr als neun Stunden betragen.
Einheit 9 (Seiten 112–113)	**9a** Die Internationalen Kurzfilmtage finden jeweils im November in _____ statt.
	9b Die Kurzfilmtage und die Kurzfilmnacht-Tour werden von einem _____ organisiert.
Einheit 10 (Seiten 124–125)	**10a** Das _____ ist ein Jugendkulturhaus in der Stadt Zürich.
	10b Dort werden diverse Kurse angeboten, ein Restaurant betrieben und regelmässig _____ und Partys veranstaltet.

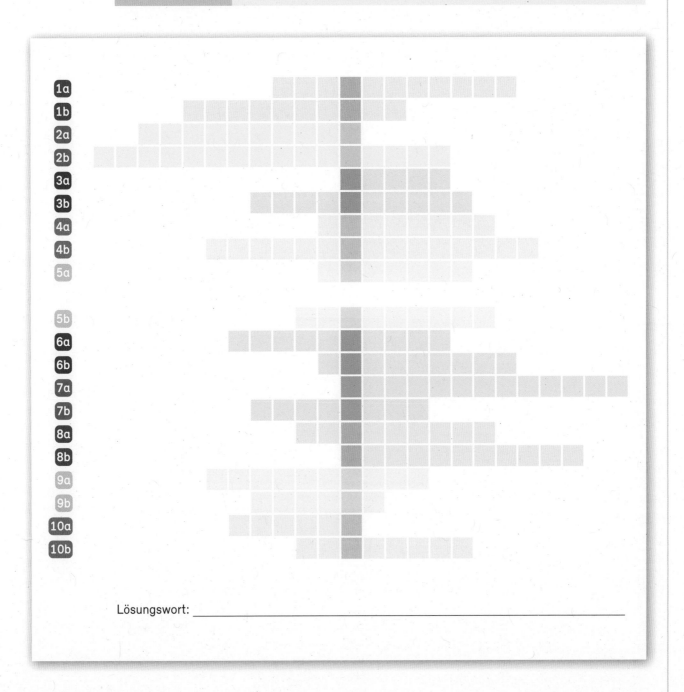

Lösungswort: _____

Bildnachweis

Notizen

Notizen

Notizen

Notizen